Der Autor

Bernd Schmitt ist Fachbuchautor, Webdesigner und Referent. Für WordPress engagiert er sich seit den Anfängen. Seine verständlichen Vorträge begeistern Anfänger und Fortgeschrittene gleichermaßen.

FRANZIS

MACH'S EINFACH

Erste Schritte mit
WORDPRESS 5

So gelingt Ihnen der Einstieg schnell und ganz leicht

BERND SCHMITT

Bibliografische Information der Deutschen Bibliothek

Die Deutsche Bibliothek verzeichnet diese Publikation in der Deutschen Nationalbibliografie;
detaillierte Daten sind im Internet über *http://dnb.ddb.de* abrufbar.

Lektorat: Ulrich Dorn
Satz: Nelli Ferderer (nelli@ferderer.de)
Art & design: Anna Lena Ibiş
Druck: CPI-Books, Printed in Germany
ISBN 978-3-645-60653-0

INHALT

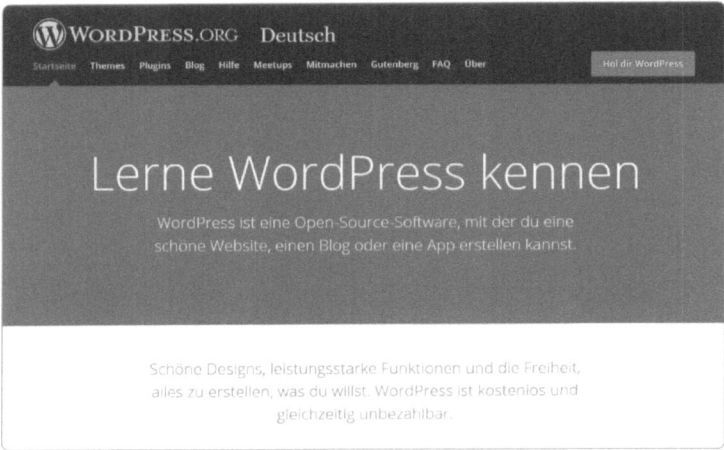

Sie wollen allein oder in einem kleinen Team eine professionelle Website erstellen? Dann ist WordPress genau das richtige Programm. Ob private Website, Blog, Shop oder Firmenpräsenz, alles geht – und alles geht gut.

Dieses Buch ist in drei Abschnitte aufgeteilt: Installation, Konfiguration und Profitipps. Und los geht's!

In diesem Kapitel geht es um die Basics: Was ist WordPress, was kann WordPress, und wie wird es installiert?

Bild 1.1: Willkommen in der Welt von WordPress: bei *WordPress.org*.

WordPress rockt das Web

WordPress, 2004 gestartet, hat zuerst das Bloggen populär gemacht, also das Tagebuchschreiben im Internet. Nach über 15 Jahren der Weiterentwicklung werden nahezu alle Einsatzbereiche von Websites abgedeckt. WordPress ist die Eier legende Wollmilchsau: Blog, CMS, Shop – mit WordPress läuft es einfach.

Professionelle Internetpräsenzen lassen sich am schnellsten, schönsten und einfachsten mit WordPress erstellen – auch von Nichtprogrammierern und Nichtdesignern. Sie müssen das Rad nicht neu erfinden. WordPress ist eine kostenlose Software, die jeder beliebig oft installieren darf. Außerdem gibt es eine riesige Community, zu der Tausende von Entwicklern ständig mit neuen Themes (Designvorlagen) und Plug-ins (Erweiterungen) ihren Beitrag leisten.

Welche Version darf es sein? Zum Zeitpunkt der Erstellung dieses Buchs ist WordPress bei Version 5.1 angelangt. Die Veränderungen von 5.0 auf 5.1 sind relativ überschaubar. Bedeutender war der Sprung von 4.9 auf 5.0. Seit der ersten 5er-Version ist

WordPress mit dem Gutenberg-Editor ausgestattet. Dank Gutenberg können nun auch absolute Laien ganz unkompliziert Schriftfarben ändern, Tabellen einfügen und Texte in Spalten aufteilen.

Zwischen den großen Versionen erscheinen kleinere Updates, die hauptsächlich Sicherheitslücken beheben. Dafür wird eine dritte Ziffer weitergezählt. Genau genommen haben alle WordPress-Versionen eine dreistellige Versionsnummer. Welche WordPress-Version empfiehlt sich nun für die Installation? Natürlich die jeweils aktuelle! Zum einen aus Sicherheitsgründen und zum anderen, weil die jüngeren Versionen ein Mehr an guten Features bieten.

(WEB)SEITE ODER (WEB)SITE?

Weil sich die Begriffe in der Welt des Internets oft überschneiden, sei für WordPress und für dieses Buch in Stein gemeißelt:

Eine Site bezeichnet immer die gesamte Internetpräsenz. Denken Sie dabei an eine Landschaft mit Bäumen und Kühen. Eine Seite steht dagegen für etwas Einzelnes, also den Baum oder die Kuh.

Als Aufhänger für dieses Buch dient die Tanzschule Mustermann. Sie benötigt dringend eine neue – Site!

Vorinstalliert oder eigene Installation?

Sie sind ein blutiger WordPress-Anfänger und möchten sich erst einmal auf einer Spielwiese mit dem Programm vertraut machen? Die bekannteste wird von der Firma Automattic betrieben. Sie finden sie unter *wordpress.com* und nicht unter *WordPress.org*. Die Domainendung macht den Unterschied.

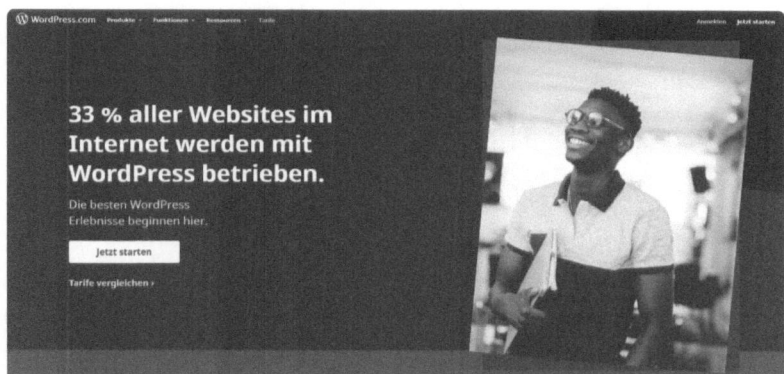

Bild 1.2: Die Website *wordpress.com* bietet die Möglichkeit, unkompliziert in WordPress hineinzuschnuppern.

Die WordPress-Spielwiese

Auf *WordPress.com* müssen Sie keinen Webspace bei einem Provider anmieten und auch nichts hochladen, installieren oder aktualisieren. Nach Ihrer Registrierung erhalten Sie sofort Ihre eigene Site. Etwas mürrisch verhält sich *WordPress.com* nur bei der Eingabe Ihres Passworts. Zu kurze oder qualitativ schlechte Passwörter werden angemahnt – aus gutem Grund, denn auf einen gehackten Account hat der ursprüngliche Besitzer alle Zugriffsmöglichkeiten verloren.

Erreichbar ist Ihre Präsenz zum Beispiel unter der URL *tanzschule-mustermann.wordpress.com*. Weil Sie den ersten Teil der Domain frei wählen können, wäre auch *mustermann-ortsname.wordpress.com* eine Möglichkeit.

Zum Einstieg ist *WordPress.com* gar nicht schlecht. Sie können viele Funktionen nach Herzenslust ausprobieren, ohne etwas kaputt zu machen. Weil sich der Dienst durch Werbebanner finanziert, ist die Nutzung in der Grundfunktion (Tarif WordPress.com Free) kostenlos. Bezahlen müssen Sie aber für Features, die bei einer eigenen Installation selbstverständlich sind. Es ist daher empfehlenswert, sich nach dem Ausprobieren wieder von der Spielwiese zu verabschieden.

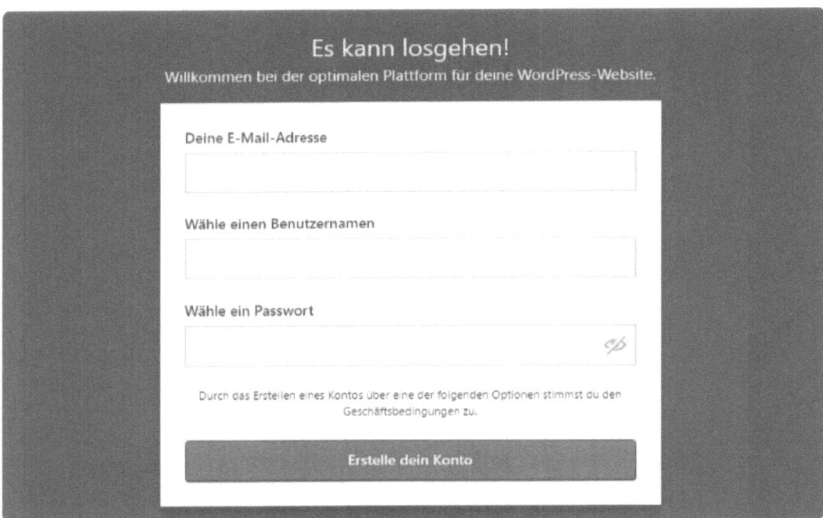

Bild 1.3: Erste Schritte mit *WordPress.com*: Ein Konto wird erstellt.

Die eigene Installation

Kostengünstig, solide und zukunftssicher betreiben lässt sich ein WordPress-Projekt am besten mit einer eigenen Installation auf einem neutralen Webspace. Nur diese Methode bietet volle Kontrolle und Erweiterbarkeit. Doch bevor unsere Tanzschule Mustermann einen Webspace anmietet, muss die Namensfrage geklärt werden.

PROVIDERANGEBOTE KRITISCH PRÜFEN

Vor allem die großen Provider zaubern immer wieder neue WordPress-Pakete aus dem Hut. Angefangen hat es mit »1-Klick-Installationen«, vorgefertigten WordPress-Instanzen, in die Sie sich als Kunde nur einklinken müssen.

Jüngster Trend sind Komplettlösungen, die als »WordPress-Hosting-Pakete« oder »Managed WordPress« angeboten werden. All diese wohlklingenden Angebote haben aber zwei Nachteile: Sie müssen sich in providereigene Administrationsoberflächen einarbeiten und einen Teil der Kontrolle über Ihr Projekt abgeben. Für den Anfang mag das verschmerzbar sein. Aber vielleicht möchten Sie später ein bestimmtes Plug-in verwenden oder mit einem Webshop oder Google AdSense Geld verdienen? Dann werden Sie mit Sicherheit an die Grenzen vorgefertigter Pakete stoßen.

Falls Sie auf ein Managed WordPress nicht verzichten möchten: Nutzen Sie den Service von Dienstleistern, die sich ausschließlich auf WordPress konzentrieren, zum Beispiel *wp-projects.de* (preisgünstig) oder *wlwp.de* (etwas teurer).

Überlegungen zum Domainnamen

Kennen Sie eine Website, die sich zu gleichen Teilen mit Salsa und Astronomie beschäftigt? Höchstwahrscheinlich nicht.

Keine Zweideutigkeiten, bitte!

Gemischtwarenläden sind im realen Leben ausgestorben – im Internet hatten sie nie eine Chance. Sie müssen sich für ein bestimmtes Website-Thema entscheiden oder zwei Projekte starten. Wie wäre es mit einem Blog über Salsa und einer statischen Site zur Astronomie? Getrennt haben beide Websites bessere Chancen.

Mit dem Domainnamen punkten

Der Domainname entscheidet wesentlich über den Erfolg einer Website. Machen Sie keine Experimente. Umständliche Namen und juristisch heikle Konstruktionen sind tabu. Wenig falsch machen können Sie mit Eigennamen und generischen, sprich allgemeinen Begriffen wie »Schreinerei« oder »Tanzschule«.

Falls Sie allerdings einen Eigennamen besitzen, der mit einer Firma oder einem Prominenten konkurriert, sollten Sie das Thema Markenrecht nicht auf die leichte Schulter nehmen. Sie wollen ja in Ruhe eine erfolgreiche Webpräsenz aufbauen und sich nicht in juristische Auseinandersetzungen verstricken.

Immer empfehlenswert ist die kostenlose Onlinerecherche in der Markendatenbank des *Deutschen Patent- und Markenamts* DPMA. Sie erreichen sie unter *www.dpma.de*. Im Zweifel sollten Sie vor Projektstart juristischen Rat einholen.

Bevor Sie sich endgültig auf einen Namen festlegen: eine Nacht darüber schlafen. So gewinnen Sie noch einmal etwas Distanz. Immer hilfreich ist auch externer Rat. Fragen Sie einfach mal Freunde und Bekannte, was sie spontan mit Ihrer Namensidee verbinden.

Domainnamen registrieren lassen

Ihren Domainnamen registrieren Sie nicht persönlich, sondern über einen sogenannten Provider. Der Provider übernimmt die Verwaltung, wobei Sie selbst Eigentümer der Domain bleiben. Bei einem Providerwechsel dürfen Sie den Namen deshalb immer mitnehmen.

UMLAUTDOMAINS

Sie suchen nach einer Domain für die »Bäckerei Jörn Müller« und haben »www.bäckerei-jörn-müller.de« im Visier? Umlautdomains lassen sich zwar leicht bestellen, aber von anderen Domains nur sehr umständlich verlinken. Backlinks, also die für die Suchmaschinen so wichtigen Verlinkungen auf Ihre Seite, werden damit, wenn überhaupt, schwer gewonnen. Besser ist es, wenn die WordPress-Installation auf einer URL ohne Umlaut liegt. Eine Umlautdomain sollte nur als Zusatzdomain in Betracht gezogen werden.

WordPress innerhalb der Domain platzieren

Um WordPress innerhalb der Domain zu platzieren, gibt es zwei praktikable Möglichkeiten:

- *www.tanzschule-mustermann.de* – Der Normalfall. Die Domain ist identisch mit der WordPress-Installation. Für 95 % der Installationen ist dies der richtige Weg.

- *www.tanzschule-mustermann.sportclub1234.de* – Der Ausnahmefall.
  Beispiel: Unter *www.sportclub1234.de* betreibt der örtliche Sportverein eine gut besuchte Webpräsenz. Da sich der Tanzsaal im Sporthaus befindet, soll die Tanzschule Mustermann auch im Internet mit dem Verein identifizierbar sein. Realisieren lässt sich dieser Ansatz, indem der Inhaber der Hauptdomain bei seinem Provider eine (meist kostenlose) Subdomain bestellt. Die Verzeichnisse von Tanzschule und Sportverein bleiben getrennt, es kommt also nichts durcheinander. WordPress wird nur in die Subdomain installiert.

- Einen Haken hat die Sache allerdings! Verantwortlich für alle Domains bleibt der Inhaber von *sportclub1234.de*. Sollte es irgendwann zu Meinungsverschiedenheiten kommen, springt der Inhaber der Tanzschule schnell im Dreieck.

Providercheck, Hosting-Paket und SSL

Ein Provider, auch Hoster genannt, registriert für Sie eine Domain und stellt Ihnen auf einem Webserver einen Platz für WordPress zur Verfügung. Dieser Server steht wohltemperiert und gut abgesichert in einem Rechenzentrum. Betreten werden Sie diese heilige Halle voraussichtlich nie. Eben deswegen ist die Providerwahl Vertrauenssache.

Technik und Service müssen stimmen. Wenn ein Anbieter sechs Monate für null Euro verschleudert, muss er das Geld hinterher wieder reinkriegen. Gespart wird dann gern an der Serverperformance, der Sicherheit oder dem Service. So ein Lockangebot ist vielleicht für einen Testlauf annehmbar, aber nicht für ein solides Projekt. Entscheidend ist der Support, und zwar besonders im Katastrophenfall. Leider ist auch bei Einhaltung aller Sicherheitsregeln keine Website zu 100 % vor Angriffen geschützt. Ein schlechter Provider schaltet die Website nach einer Infizierung mit Schadecode nur ab. Ein guter hilft bei der Fehleranalyse und der Wiederherstellung.

Den Provider des Vertrauens erkennen

Solide Provider verzichten auf leicht bekleidete Damen in der Werbung. Stattdessen bieten sie auf ihrer Webpräsenz Hilfeseiten, Tutorials und FAQs an. Und zwar die passenden – zum Beispiel zum Einrichten einer MySQL-Datenbank, zum Umgang mit einem FTP-Programm, zur Einrichtung eines SSL-Zertifikats und zum Thema *.htaccess*.

Ein gutes Indiz für die Qualität eines Providers ist sein Kundenforum, falls vorhanden. Sehen Sie sich dort in Ruhe um. Werden Fragen schnell und kompetent beantwortet, oder lässt man die Ratsuchenden im Regen stehen? Achten Sie auch auf die WordPress-Gewichtung. Existieren eigene WordPress-FAQ-Punkte oder eigene Rubriken im Forum, oder werden andere CMS stärker gewichtet? Jeder Provider hat so seine Lieblinge.

Wenn Sie zwei oder drei Kandidaten in der engeren Auswahl haben, googeln Sie die Providernamen in Verbindung mit WordPress. Stoßen Sie bei einem bestimmten Anbieter auf überwiegend positive Berichte? Dann entscheiden Sie sich für ihn und studieren seine verschiedenen Webspace-Angebote. Wählen Sie bei ihm das geeignete Paket für Ihr Projekt.

Technische Voraussetzungen

WordPress hat bestimmte Mindestvoraussetzungen, ohne die es gar nicht installiert werden kann. Für die aktuelle Version 5.1 sind das:

- PHP ab Version 5.2.4. Empfohlen wird 7.3 oder höher.
- MySQL ab Version 5.0. Empfohlen wird 5.6 oder höher. Alternativ kann MariaDB ab Version 10.0 verwendet werden.
- Ein aktiviertes Mod-Rewrite-Modul.

Okay, der letzte Punkt ist keine zwingende Voraussetzung. WordPress läuft zwar auch ohne dieses Modul, aber dann nicht mit Google-freundlichen URLs. Bestehen Sie deshalb auf Webspace mit Mod Rewrite.

Speicherplatz für WordPress

Trotz der weiten Spanne an Einsatzgebieten, vom Blog über die Firmenpräsenz bis zum Shop, zählt WordPress immer noch zu den schlanken Systemen. An die Grenze des vom Provider zur Verfügung gestellten Speicherplatzes gelangen Sie nur dann, wenn Sie Unmengen von Bildern und vor allem Videos in Ihre WordPress-Mediathek laden – und nicht auf eine Videoplattform wie YouTube, um dann dorthin zu verlinken.

Sollten Sie jedoch irgendwann feststellen, dass der Speicherplatz bei normaler Verwendung voll belegt ist, haben Sie sich wahrscheinlich Schadsoftware eingefangen. In diesem Fall beachten Sie bitte die Hinweise zur Abdichtung von WordPress und wenden sich an Ihren Provider.

PHP-MEMORY-LIMIT

Damit WordPress flüssig läuft, muss genügend Arbeitsspeicher vorhanden sein. Lassen Sie sich von den Angaben der Provider nicht blenden. Es geht nicht ausschließlich darum, wie viele Speicherriegel generell im Server verbaut sind. Aussagekräftiger ist das PHP-Memory-Limit für Ihren persönlichen Webspace. Angegeben wird es in der Regel in der Maßeinheit MByte (MB oder M). Die absolute Untergrenze sind 128 MByte, besser sind 256 MByte. Wenn Sie einen Shop auf Ihrer Site integrieren möchten, sind 512 MByte ratsam. Fragen Sie ruhig mal beim Provider nach, ob er für Ihren Webspace das PHP-Memory-Limit erhöht oder wie Sie das selbst umstellen können.

Webhosting-Paket kaufen

Die Provider bieten verschiedene Hosting-Pakete unterschiedlicher Qualität an. Für WordPress benötigen Sie in der Regel eine Lösung aus der Mitte der Angebotspalette. Am besten entscheiden Sie sich für ein Paket mit monatlichen Kosten zwischen 5 und 10 Euro. Aufstocken lassen sich die Pakete immer recht unkompliziert. Einen eigenen Server sollten Sie nur in Betracht ziehen, wenn Sie einen größeren Webshop betreiben möchten.

Nicht ohne SSL

Achten Sie bei der Auswahl Ihres Hosting-Pakets unbedingt darauf, dass ein kostenloses SSL-Zertifikat inkludiert ist. Sie benötigen es aus Datenschutzgründen, sobald Sie interaktive Elemente wie Kontakt- oder Bestellformulare bereitstellen. Zudem werden Seiten ohne SSL von den Suchmaschinen abgestraft.

Das SSL-Zertifikat können Sie in der Regel im Kundencenter Ihres Providers beantragen und Ihrer WordPress-Domain zuweisen.

ZERTIFIKATE VON LET'S ENCRYPT

Die Initiative Let's Encrypt stellt SSL-Zertifikate kostenlos zur Verfügung. Es liegt an den Providern, dieses Angebot zu nutzen und an ihre Kunden weiterzugeben. Freundlicherweise sind die meisten dazu bereit. Provider ohne kostenlose Zertifikate sollten Sie meiden.

Anlegen der WordPress-Datenbank

WordPress funktioniert nicht ohne Datenbank, und es legt auch keine für Sie an. Das müssen Sie selbst in die Hand nehmen. Loggen Sie sich also in den Kundenbereich Ihres Providers ein und spähen Sie nach Menüpunkten wie *Datenbank* oder *MySQL*. Legen Sie dann eine neue Datenbank an.

Bei den meisten Providern werden Sie gebeten, auch gleich ein Datenbankpasswort zu vergeben. Wählen Sie eine nicht zu erratende Zeichenfolge und notieren Sie sich Ihr Datenbankpasswort sofort. In der Regel ist es später nämlich nicht mehr im Kundenbereich des Providers einsehbar.

Administration mit phpMyAdmin

MySQL-Datenbanken werden über die grafische Oberfläche *phpMyAdmin* verwaltet, und die meisten Provider stellen ihren Kunden dieses Tool zur Verfügung.

Für die Installation von WordPress ist es zwar nicht notwendig, *phpMyAdmin* aufzurufen, trotzdem sollten Sie sich rechtzeitig damit auseinandersetzen. Früher oder später greift nämlich jeder WordPress-Webmaster auf *phpMyAdmin* zurück. Jeder? Jeder!

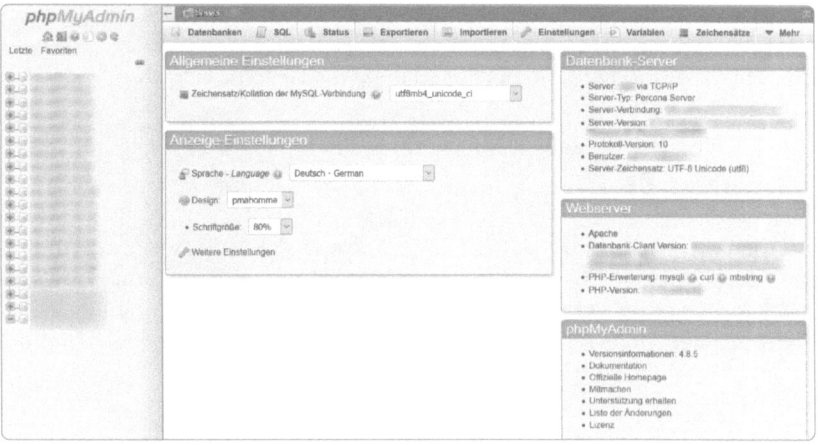

Bild 1.4: Die Oberfläche von *phpMyAdmin*, dem Verwaltungstool für MySQL-Datenbanken.

Alle Zugangsdaten im Griff

Im Laufe der Installation, besonders beim Anlegen der Datenbank, erhalten Sie eine Menge URLs und Zugangsdaten. Da wird es Zeit – und das gilt besonders für chaotisch veranlagte Charaktere –, für Ordnung zu sorgen, zum Beispiel mit einer »WoZuDaLi«, einer *WordPress-Zugangs-Daten-Liste*. Darin wird, sobald bekannt, Folgendes notiert:

WOZUDALI	
Providerzugang	Hinterlegte E-Mail-Adresse
	Kundenbereich Name
	Passwort Kundenbereich
FTP-Verbindung	FTP-Adresse
	FTP-Benutzername
	FTP-Passwort
Datenbankverbindung	Datenbankname
	MySQL-Benutzername
	MySQL-Passwort
	MySQL-Serveradresse
phpMyAdmin	Name
	Passwort
WordPress	Name
	Passwort
	E-Mail-Adresse

Abhängig vom Provider kann es vorkommen, dass Sie unter einigen Punkten die gleichen Werte eintragen müssen. Tun Sie es in jedem Fall, es zahlt sich aus, falls die WordPress-Installation eine Fehlermeldung ausgibt. Das Leben ist kurz, und die WoZuDaLi erleichtert die Problembehebung.

WordPress herunterladen

Die gute Nachricht: WordPress ist kostenlos. Sie dürfen sich das Programm beliebig oft herunterladen und installieren – auch zehnmal, hundertmal und auch für kommerzielle Projekte. Weder für einen Download noch für eine Installation ist eine Registrierung notwendig. Bezahlen müssen Sie lediglich für besonders hochwertige Themes und Plug-ins.

WordPress in deutscher Sprache

Bild 1.5: Die Download-Seite für die deutsche Version: *de.wordpress.org/download/*.

Auf der internationalen Präsenz *wordpress.org* finden Sie die Versionen für Englisch und viele weitere Sprachen. Zum Herunterladen der deutschen Version gehen Sie auf die Subdomain *de.wordpress.org* und dann auf die Download-Seite *de.wordpress.org/download/*. Nicht zu übersehen ist der Download-Button, der zur jeweils aktuellen Version führt.

Diese enthält einen Versionshinweis im Namen und heißt beispielsweise *wordpress-5.1-de_DE.zip*. In jedem Fall ist es eine Produktiv- und keine Betaversion. Sie dürfen sie also mit gutem Gefühl herunterladen.

WordPress, öffne dich

Nach dem Anklicken des Download-Buttons werden knapp 12 MByte auf Ihren Computer heruntergeladen. Die Dateiendung *.zip* verrät, dass WordPress nicht als ausführbare Datei, sondern als Archiv vorliegt. Vor dem Hochladen auf den Server müssen Sie es entpacken. Kein Problem, denn alle gängigen Betriebssysteme (Windows, macOS und Linux) können eine ZIP-Datei heute ohne Zusatzprogramme öffnen. Im Windows-Explorer klicken Sie dazu mit der rechten Maustaste auf das Archiv und wählen dann aus dem aufklappenden Kontextmenü die Option, alle zu extrahieren oder zu entpacken.

Wichtige Verzeichnisse und Dateien

Nach dem Entpacken finden Sie neben dem ursprünglichen ZIP-Ordner ein neues Verzeichnis mit dem simplen Namen *wordpress*. Die Größe beträgt nun rund 40 MByte.

Öffnen Sie den *wordpress*-Ordner. Sie finden darin die drei Unterverzeichnisse *wp-admin*, *wp-content* und *wp-includes*. Diese kommen aber erst später ins Spiel.

Wichtiger sind drei der einzelnen Dateien. Die Lizenz und die Liesmich-Datei sollten Sie einmal grob überfliegen. Genauer unter die Lupe nehmen müssen Sie dagegen die Datei *wp-config-sample.php*. Hier werden nämlich die Zugangsdaten der zuvor angelegten Datenbank eingetragen. Erst nach dieser Eingabe wird die WordPress-Installation gestartet.

Anpassen der Konfigurationsdatei

Weil sie Formatierungen hinterlassen, sind umfangreiche Textverarbeitungsprogramme wie Word oder der LibreOffice Writer für das Arbeiten mit Konfigurationsdateien nicht geeignet. Benutzen Sie stattdessen einen Code-Editor, z. B. Notepad++ für Windows. Auf dem Mac können Sie TextEdit verwenden. Speichern Sie damit aber nur reinen Text ab.

Nach dem Starten Ihres Editors öffnen Sie die Datei *wp-config-sample.php*.

Zugangsdaten eintragen

```
// ** MySQL-Einstellungen ** //
/**   Diese Zugangsdaten bekommst du von deinem Webhoster. **/

/**
 * Ersetze datenbankname_hier_einfuegen
 * mit dem Namen der Datenbank, die du verwenden möchtest.
 */
define( 'DB_NAME', 'datenbankname_hier_einfuegen' );

/**
 * Ersetze benutzername_hier_einfuegen
 * mit deinem MySQL-Datenbank-Benutzernamen.
 */
define( 'DB_USER', 'benutzername_hier_einfuegen' );

/**
 * Ersetze passwort_hier_einfuegen mit deinem MySQL-Passwort.
 */
define( 'DB_PASSWORD', 'passwort_hier_einfuegen' );

/**
 * Ersetze localhost mit der MySQL-Serveradresse.
 */
define( 'DB_HOST', 'localhost' );
```

Bild 1.6: Die Zugangsdaten zur Datenbank werden in die Datei *wp-config-sample.php* eingetragen.

Die Zugangsdaten für die Datenbank haben Sie von Ihrem Provider erhalten und hoffentlich fein säuberlich in die WoZuDaLi eingetragen. Geändert wird die Konfigurationsdatei jetzt an vier Stellen:

- Name der Datenbank: `'datenbankname_hier_einfuegen'`
- Ihr mySQL-Datenbank-Benutzername: `'benutzername_hier_einfuegen'`
- Ihr mySQL-Passwort: `'passwort_hier_einfuegen'`
- Die mySQL-Serveradresse: `'localhost'`

Dabei ersetzen Sie, was zwischen den beiden einfachen Anführungszeichen steht, nicht aber die einfachen Anführungszeichen selbst. Ob der Wert `localhost` geändert werden muss, hängt von Ihrem Provider ab. Bei manchen Providern können Sie die mySQL-Serveradresse einfach unverändert lassen.

Konfigurationsdatei speichern

Nach der Änderung speichern Sie die Datei ab, und zwar unter dem neuen Namen *wp-config.php*. Achten Sie darauf, den Speicherort beizubehalten. Die *wp-config.php* befindet sich nun neben der *wp-config-sample.php* im Ordner *wordpress*.

Sobald die Konfigurationsdatei angepasst ist, können alle WordPress-Dateien auf den Server hochgeladen werden.

KONFIGURATIONSDATEI ERST SPÄTER ANPASSEN

Theoretisch ist es möglich, die Konfigurationsdatei nicht wie beschrieben händisch anzupassen, sondern erst mit dem Aufruf des Installationsskripts. Bei dieser Methode würden Sie die Datei *wp-config-sample.php* unverändert lassen. Dieser Weg ist sogar etwas komfortabler, weil Sie die Zugangsdaten später in Eingabefelder tippen können und keinen Texteditor öffnen müssen.

Allerdings funktioniert die Eingabe im Installationsskript nicht bei jedem Provider. Mit der händischen Anpassung sind Sie dagegen auf der sicheren Seite und erhalten einen wertvollen Einblick in die Funktion der Konfigurationsdatei. Falls WordPress einmal Fehlermeldungen ausgibt, hilft Ihnen dieses Wissen bei der Problemlösung.

Datenübertragung per FTP-Client

WordPress ist nun bereit für die Installation auf Ihrem Webspace. Weil die Dateien aber nicht von allein dort hinwandern, benötigen Sie ein FTP-Programm, genauer gesagt, einen FTP-Client. Die Abkürzung FTP steht für *File Transfer Protocol*. Es regelt den Transfer von Dateien zwischen verschiedenen Computern.

Manche Provider bieten ein hauseigenes FTP-Programm an. Es bleibt in diesem Fall Ihnen überlassen, ob Sie sich in ein providereigenes Programm einarbeiten möchten oder in ein unabhängiges. Sehr verbreitet ist der kostenlose FTP-Client FileZilla. Er läuft eigenständig auf allen Plattformen, also Windows, macOS und Linux.

FileZilla: Download und Installation

FileZilla kann von der Herstellerseite *https://filezilla-project.org* kostenlos heruntergeladen werden. Eine Registrierung ist nicht notwendig.

Zur Wahl steht neben dem bereits erwähnten FileZilla-Client auch ein FileZilla-Server. Benötigt wird ausschließlich der FTP-Client, und zwar in der kostenlosen Version.

Bild 1.7: Auf *https:/filezilla-project.org* kann FileZilla heruntergeladen werden. Benötigt wird ausschließlich der Client.

Beim Download und der Installation müssen Sie mehrere Male auf *Weiter*-Buttons klicken. Klicken Sie aber nicht zu schnell durch. Achten Sie darauf, ob man Ihnen Programme unterjubeln möchte, die Sie nicht benötigen. Entfernen Sie gegebenenfalls das eine oder andere Aktivierungshäkchen aus der Checkbox.

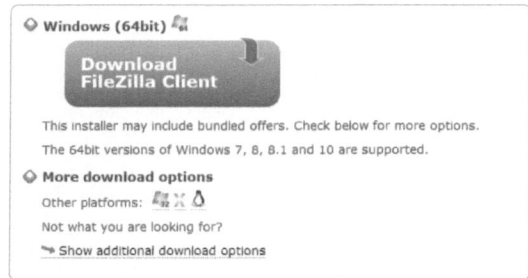

Bild 1.8: *FileZilla Client* steht für alle gängigen Betriebssysteme zur Verfügung.

Bild 1.9: Hier versucht FileZilla, dem User ein Antivirenprogramm unterzujubeln. Mit der Entfernung des Hakens aus der Checkbox wird die Installation des zusätzlichen Programms unterbunden.

Auge in Auge mit FileZilla

Nach dem Download installieren und starten Sie FileZilla. Das Programm wirkt auf den ersten Blick etwas überladen. Um die Funktionsweise schnell zu verstehen, betrachten Sie zunächst die vier Fenster in der Mitte. Die beiden linken Mittelfenster unter *Lokal* bilden die Verzeichnisstruktur Ihres eigenen Computers ab, die beiden rechten Mittelfenster unter *Server* Ihren Webspace. Dass FileZilla noch nicht verbunden ist, erfahren Sie im großen Fenster mit der entsprechenden Meldung.

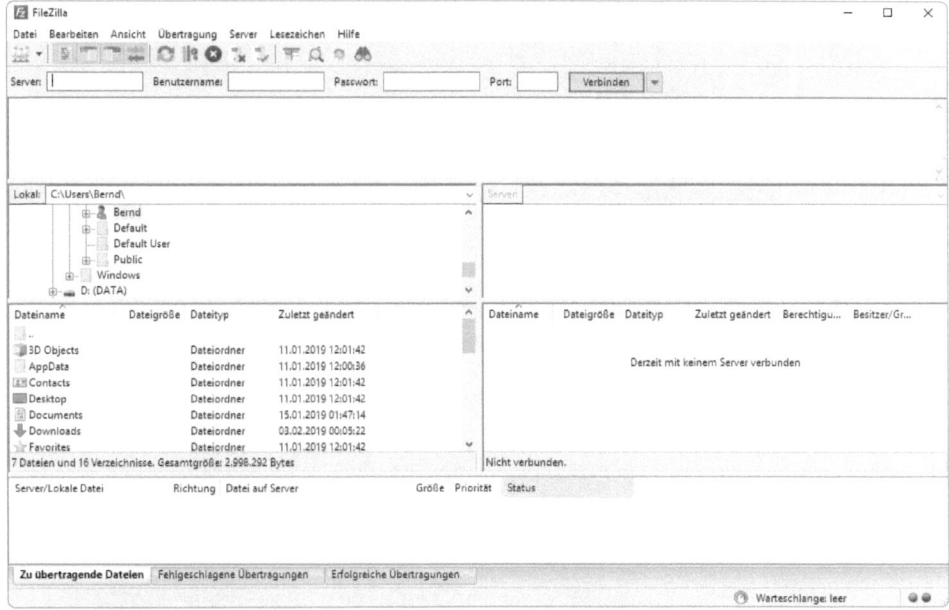

Bild 1.10: Der FTP-Client FileZilla frisch nach der Installation. Solange FileZilla noch nicht mit einem Server verbunden ist, sind in den Fenstern der rechten Hälfte auch noch keine Verzeichnisse sichtbar.

FileZilla mit dem Server verbinden

Um den FTP-Client mit dem Server zu verbinden, rufen Sie links oben den Server-manager auf. Und wieder kommt die Zugangsdatenliste zum Einsatz. Benötigt werden:

- die FTP-Adresse im Feld *Server*,
- der FTP-Benutzername im Feld *Benutzer* sowie
- das FTP-Passwort im Feld *Passwort*.

In der linken Spalte des Servermanagers können Sie jedem Server einen eigenen Na-men zuweisen. Praktisch ist das, um mehrere Projekte zu verwalten. Rechts geben Sie die drei Zugangsdaten ein. Dann klicken Sie auf *OK* zum Speichern des Serverprofils und gehen auf *Verbinden*.

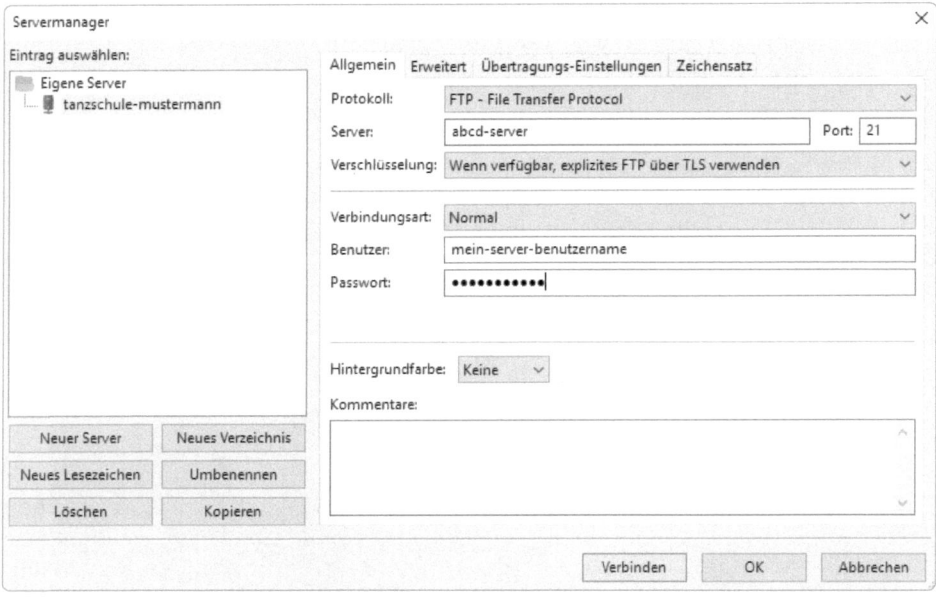

Bild 1.11: Im Servermanager werden die FTP-Zugangsdaten eingegeben.

WordPress-Upload auf den Server

Die FTP-Verbindung steht? Dann wählen Sie im FTP-Client die richtigen Verzeichnisse aus.

Quell- und Zielordner wählen

Links benötigen Sie das geöffnete WordPress-Verzeichnis auf dem eigenen Computer, rechts das Zielverzeichnis auf dem Server. Im Kundenbereich Ihres Providers haben Sie die Zuweisung von Domain und Verzeichnis definiert. Falls nicht, können Sie jetzt auch noch schnell über den FTP-Client einen Ordner erstellen und ihn beim Provider mit der URL verbinden. Für unser Projekt wurde der Zielordner *tanzschule-mustermann* angelegt.

Da kommt WordPress jetzt hin.

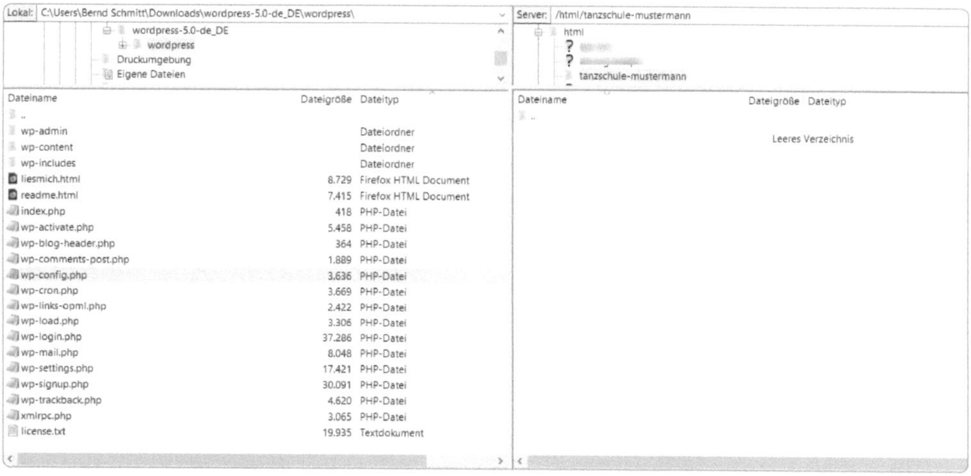

Bild 1.12: WordPress wird vom Quellverzeichnis auf dem heimischen Computer in das Zielverzeichnis auf dem Server hochgeladen.

WordPress-Upload auf den Server

Markieren Sie alle Dateien im WordPress-Ordner auf Ihrem Computer und starten Sie das Hochladen, also den Upload.

Die Übertragung der Dateien auf den Server lässt sich mit einem kleinen Bierchen ganz gut mitverfolgen. Je nach Internetverbindung dauert die Angelegenheit ein paar Minuten oder ein Viertelstündchen. Nachdem die Übertragung abgeschlossen ist, sollten Sie noch einmal kurz die Verzeichnisse links und rechts überprüfen. Alles sieht gleich aus, und die Konfigurationsdatei *wp-config.php* ist auch im Boot? Gut, nach all dem Vorgeplänkel beginnt endlich die eigentliche Installation. WordPress wirbt ja immer mit der berühmten »5-Minuten-Installation«. Das stimmt – ab jetzt!

Durchführen der Installation

Um die Installations-URL aufrufen, hängen Sie */wp-admin/install.php* an Ihre Adresse an. Für die Tanzschule Mustermann ergibt sich dann diese URL:

https://tanzschule-mustermann.de/wp-admin/install.php

Installationsskript ausführen

Es meldet sich der Installationsassistent und fragt allerlei Informationen ab. Den Seitentitel können Sie spontan eingeben, er lässt sich später sehr einfach ändern. Den Benutzernamen und das Passwort notieren Sie dagegen ebenso auf der Zugangsdatenliste wie die E-Mail-Adresse, die Sie jetzt für Ihre Installation vergeben.

Achtung, in die Checkbox bei *Suchmaschinen abhalten, diese Website zu indexieren* sollten Sie keinen Haken setzen. Ihre Website soll ja schließlich von Google, Bing und Konsorten erfasst und angezeigt werden.

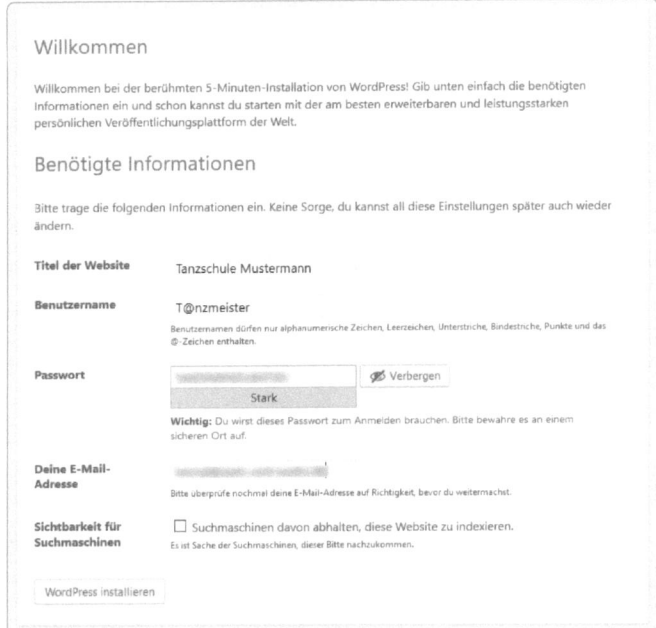

Bild 1.13: Die berühmte 5-Minuten-Installation von WordPress.

Installation abschließen

Nach Klick auf den Button *WordPress installieren* ist die Angelegenheit auch schon beendet. Hoch die Tassen! Wer Erfahrung mit anderen CMS-Programmen hat, stellt erfreut fest, wie flott das bei WordPress von der Hand geht.

Bild 1.14: Installation beendet – WordPress läuft.

Ins WordPress-Frontend einloggen

Wie jedes moderne Content-Management-System trennt auch WordPress zwischen den Ansichten *Frontend* und *Backend*.

Als Admin stehen Ihnen immer beide Möglichkeiten zur Verfügung, um Ihre Website anzusteuern.

Bild 1.15: Das Frontend von WordPress. Frisch nach der Installation zeigt es den schon vorgefertigten Beitrag »Hallo Welt!«.

Zum Frontend gelangen Sie über die URL *https://tanzschule-mustermann.de*. In dieser Ansicht nehmen Sie die Perspektive Ihrer Besucher ein. Außerdem sehen Sie, falls Sie eingeloggt sind, oben in WordPress eine schwarze Menüleiste. Links auf dieser Leiste finden Sie einen Link zum Backend.

Ins WordPress-Backend einloggen

Sie sind nicht eingeloggt? Zum Anmeldeschirm gelangen Sie über eine dieser beiden Methoden:

- Methode 1: Geben Sie die URL *https://tanzschule-mustermann.de/wp-admin/* in die Adresszeile Ihres Browsers ein.

- Methode 2: Scrollen Sie nach unten und klicken Sie unter *Meta* auf den Link *Website-Administration*.

Bild 1.16: Der Link *Website-Administration* führt zum Anmeldeschirm des Backends.

> ### ACHTUNG! – META-WIDGET ENTFERNEN
>
> Das *Meta*-Widget sollten Sie aus Sicherheitsgründen frühzeitig entfernen. Es lotst näm-lich nicht nur Sie zum Anmeldeschirm des Backends, sondern auch die automatisierten Skripte der Hacker.

Was der gewöhnliche User nicht sieht und auch nicht sehen soll, befindet sich im Backend von WordPress. Unter dieser URL wird die Kommandobrücke von WordPress aufgerufen:

https://tanzschule-mustermann.de/wp-admin/

Auf der Brücke im Backend

Das *Backend* ist durch einen Log-in-Screen abgesichert, der die Eingabe von Name (oder E-Mail-Adresse) und Passwort verlangt. Wenn Sie den Computer mit keiner anderen Person teilen müssen – und auch nur in diesem Fall –, setzen Sie darunter einen Haken vor *Angemeldet bleiben*.

Sollten Sie Ihr Passwort vergessen haben, können Sie über den Log-in-Screen ein neues anfordern. WordPress verschickt es an die von Ihnen bei der Installation angegebene E-Mail-Adresse.

Erste Schritte im Dashboard

Das *Dashboard*, die Startseite des Backends, ist dreiteilig aufgebaut. Nach dem Einloggen als Administrator finden Sie:

- eine schwarze Menüleiste oben
- eine schwarze Menüleiste links
- diverse Informationskästen in der Mitte, die sogenannten Dashboard-Widgets

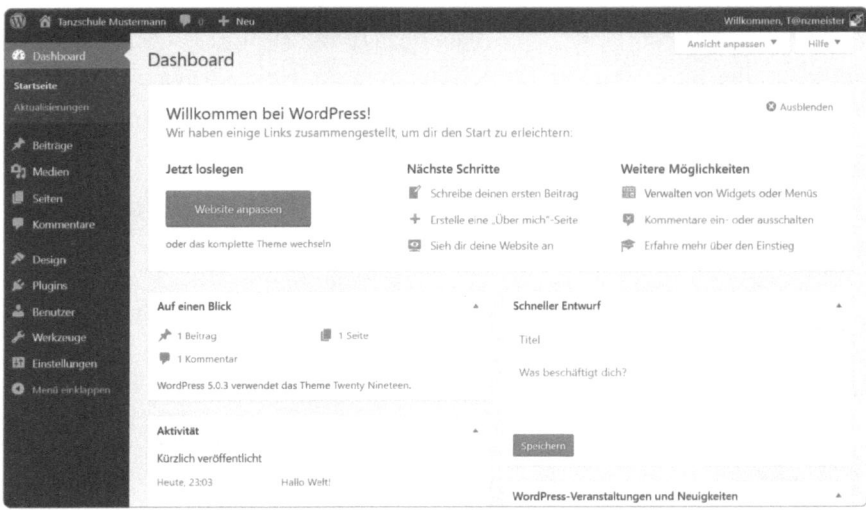

Bild 2.1: Die Startseite des Backends wird Dashboard genannt.

Für WordPress-Einsteiger interessant ist das Dashboard-Widget *Auf einen Blick*. Hier werden Sie darüber informiert, was bei der Installation mitgeliefert wurde: *1 Beitrag*, *1 Seite* und *1 Kommentar*. Diese Beispieltexte erleichtern den Einstieg in die wesentlichen Inhaltstypen von WordPress.

Mit zunehmendem Ergänzen von Inhalten werden Sie die Information über die Anzahl von Beiträgen, Seiten und Kommentaren auch als Erfolgskontrolle zu schätzen wissen.

Die Aufgaben des Backends

Neben dem Erstellen von Texten in Form von Beiträgen, Seiten und Kommentarantworten werden sämtliche Konfigurations- und Verwaltungsarbeiten über das Backend ausgeführt: Themes auswählen, Plug-ins installieren, Menüs zusammenstellen – und natürlich WordPress updaten und sichern.

Los geht es aber erst mal mit Inhalten. Klicken Sie auf den Menüpunkt *+ Neu* in der oberen Leiste des Backends. Hier können Sie Beiträge und Seiten erstellen.

Beitrag oder Seite?

Sie müssen sich entscheiden! Um einen Text auf die Website zu bringen, kennt WordPress grundsätzlich zwei Möglichkeiten: entweder *Beitrag* oder *Seite*.

- Beiträge sind charakteristisch für den Einsatz von WordPress als Blog. Jeder Beitrag wird automatisch mit Datum, Uhrzeit und Kategorie versehen. Außerdem kann und sollte er von Ihnen mit Schlagwörtern bestückt werden. In der Ansicht schiebt ein neuer Beitrag die älteren nach unten.

- Seiten hingegen sind weniger aktuell und typisch für eine Firmenwebsite. Sie erscheinen ohne die oben genannten Zusatzinformationen. Aufgerufen werden sie über Menüs.

Drei Seiten sollten auch dann angelegt bzw. angepasst werden, wenn WordPress als Blog betrieben wird, nämlich diese:

- Das Impressum – dazu sind Sie rechtlich verpflichtet.

- Die Datenschutzseite – zu ihr sind Sie ebenfalls rechtlich verpflichtet. Die Datenschutzseite ist in WordPress schon angelegt und enthält einige Testbausteine. Die Bausteine müssen aber zwingend noch angepasst und ergänzt werden.

- Eine Über-mich-Seite – diese Seite ist weder vom Gesetzgeber vorgeschrieben noch von WordPress angelegt. Sie sollten sie aber erstellen, um Besucher schnell über den Sinn und Zweck Ihrer Website zu informieren.

Keinen Unterschied zwischen *Beitrag* und *Seite* macht die Kommentarfunktion. Sie können bei beiden Typen in gleicher Weise Kommentare aktivieren und beantworten – oder deaktivieren.

Einen ersten Beitrag erstellen

❶ Um Ihren ersten Beitrag zu erstellen, müssen Sie eingeloggt sein. Das ist der Fall, wenn Sie rechts oben auf der schwarzen Leiste Ihren Benutzernamen lesen. Unerheblich ist, ob Sie sich dabei im Frontend oder im Backend befinden. Klicken Sie nun links oben in der schwarzen Leiste auf den Menüpunkt *+ Neu*.

Bild 2.2: Einen *neuen Beitrag* erstellen.

❷ In einem Menü, das nach unten aufklappt, wählen Sie *Beitrag*. Es erscheint der Texteditor von WordPress, der sogenannte Gutenberg-Editor.

Dass Sie wirklich im Beitragsmodus gelandet sind, erkennen Sie auch an der linken Menüleiste. Hervorgehoben ist der Punkt *Beiträge* mit dem Reißnagelsymbol.

❸ Bei *Titel hier eingeben* tragen Sie die Überschrift ein, im unteren Hauptfeld den Beitragstext.

❹ Klicken Sie dann rechts oben auf den großen Button *Veröffentlichen* und nach einer kurzen Prüfung ein weiteres Mal.

Nun landen Sie zwar wieder im Editor, finden aber über dem Überschriftenfeld die Meldung *Beitrag veröffentlicht* und den Link *Beitrag ansehen*. Klicken Sie ihn an, um den Beitrag im Frontend aus der Perspektive Ihrer Besucher zu betrachten.

Bild 2.3: Der Link *Beitrag ansehen* führt zum Frontend. Dort ist der Beitrag nun für die Besucher sichtbar.

Solange Sie eingeloggt sind, wird für Sie auch im Frontend der Link *Bearbeiten* eingeblendet. Haben Sie einen Tippfehler entdeckt, oder möchten Sie noch etwas hinzufügen? Dann drehen Sie schnell eine »zweite Runde«. Über den Link gelangen Sie zurück in den Editor.

Eine neue Seite anlegen

❶ Klicken Sie wieder auf *+ Neu*. Diesmal wählen Sie aber nicht den Menüpunkt *Beitrag* aus, sondern *Seite*. Erneut erscheint der Editor.

Dass Sie im Seitenmodus gelandet sind, wird Ihnen wieder in der linken Menüleiste angezeigt. Diesmal ist der Menüpunkt *Seiten* mit dem Blättersymbol hervorgehoben.

❷ Geben Sie Titel und Text ein und klicken Sie zwei Mal auf *Veröffentlichen*. Über dem Titelfeld erscheint *Seite veröffentlicht* und der gewohnte Link *Seite ansehen*. Wenn Sie dem Link folgen, sehen Sie die Seite aus der Besucherperspektive.

Eine gute Idee ist es, frühzeitig mit dem Anlegen einer Impressumsseite zu beginnen.

Pflicht! – Die Impressumsseite

Die Impressumsseite ist eine Pflichtseite. Nach § 5 des TMG (Telemediengesetz) müssen dort Ihr kompletter Name (Vor- und Zuname), die komplette Anschrift (eine Postfachadresse genügt nicht) und eine E-Mail-Adresse stehen. Ob die Angabe einer Telefonnummer erforderlich ist? Das ist auch unter Juristen umstritten. Geben Sie eine Nummer an, wenn Sie kein Risiko eingehen möchten.

Falls Sie einen Webshop betreiben oder bestimmte Dienstleistungen anbieten, kommen weitere Pflichtangaben hinzu.

Erleichtern können Sie sich die Arbeit mit einem Impressumsgenerator. Kostenlose Angebote finden Sie beispielsweise hier:

- *https://www.e-recht24.de/impressum-generator.html*
- *https://www.it-recht-kanzlei.de/Tools/Impressum/generator.php*

Die Impressumsseite muss im Menü als solche erkennbar sein. Geben Sie deshalb als Seitenname nicht »Info« oder »Hallöchen« ein, sondern rechtskonform »Impressum«.

Seiten, Unterseiten und Menüs

Ab einer größeren Anzahl von Seiten kann es schnell unübersichtlich werden. Ordnung schaffen Haupt- und Unterseiten. Die Tanzschule Mustermann braucht mindestens drei Hauptseiten für Kurse, Workshops und Partys. Die Hauptseite der Kurse führt zu den Unterseiten für Flamenco, Salsa, Standard, Swing und Tango.

Falls Sie eine eben erstellte Seite nicht finden, geraten Sie nicht in Panik. Dazu muss erst ein Menü eingerichtet werden.

WordPress als Blog betreiben

Nach der Installation ist WordPress als klassisches Blogsystem eingerichtet. Jeder neue Beitrag erscheint nach der Veröffentlichung direkt oben auf der Startseite. Ältere Beiträge rutschen weiter nach unten.

Einen Beitrag oben halten

WordPress bietet Ihnen auch die Möglichkeit, das »Abrutschen« eines Beitrags zu verhindern. In der rechten Spalte finden Sie im Register *Dokument* die Checkbox *Auf der Startseite halten*. Setzen Sie einen Aktivierungshaken, um einen wichtigen Beitrag an der ersten Position zu belassen. Was jünger ist, wird darunter einsortiert. Das Feature lässt sich auch für mehrere Beiträge einsetzen.

Je nach Theme treten oben gehaltene Beiträge zusätzlich durch eine spezielle Optik hervor.

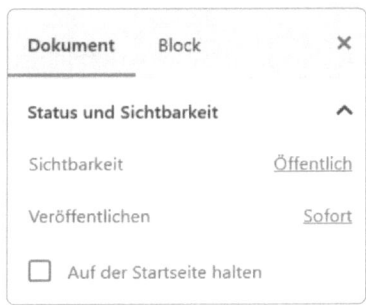

Bild 2.4: Jeder Beitrag kann oben auf der Startseite angeheftet werden.

Einem Beitrag Bilder zuweisen

In der rechten Spalte finden Sie im Register *Dokument* auch den Menüpunkt *Beitragsbild*. Damit können Sie einem Beitrag ein spezielles Bild zuweisen.

Achtung, dieses besondere und vom Theme abhängige Feature unterscheidet sich vom gewöhnlichen Einfügen eines Bilds innerhalb eines Beitrags (oder einer Seite).

Bild 2.5: Ein Bild als *Beitragsbild* zuweisen.

Optisch sehr effektvoll präsentiert das Standardtheme *Twenty Nineteen* die Beitragsbilder. Jedes zugewiesene Beitragsbild wird abgedunkelt und mit dem Beitragstitel in weißer Schrift überlagert.

Bild 2.6: Ein Beitragsbild wird von *Twenty Nineteen* abgedunkelt und vom Beitragstitel überlagert präsentiert.

Pro und kontra Beitragsbild

Die Idealgröße eines Beitragsbilds ist fest vorgegeben und unterscheidet sich von Theme zu Theme erheblich. In *Twenty Nineteen* beträgt sie stolze 2.000 × 1.200 Pixel.

Ein Problem kann sich ergeben, wenn Sie Ihr Theme wechseln möchten und das neue Theme eine neue Größe und insbesondere eine neue Proportion vorschreibt. Die alten Beitragsbilder lassen sich dann nämlich nur über Umwege und zusätzliche Arbeit erneut verwenden.

Setzen Sie das Feature der Beitragsbilder nur dann ein, wenn eine dieser beiden Voraussetzungen erfüllt ist:

- Entweder: Sie möchten sich für immer an Ihr eingesetztes Theme binden.

- Oder: Die Anzahl der Blogbeiträge hält sich in Grenzen. Ein manueller Austausch der Beitragsbilder wäre ohne allzu großen Aufwand erledigt.

WordPress als CMS betreiben

Nachrichten von gestern will niemand lesen. WordPress sollten Sie nur dann als Blog betreiben, wenn Sie regelmäßig neue Beiträge produzieren. Falls nicht, ist ein CMS die bessere Lösung. Es gibt aber auch noch andere Gründe, WordPress vom standardmäßig aktivierten Blogmodus auf CMS-Betrieb umzustellen:

- Für die Website einer Institution, einer Praxis oder eines Dienstleisters wirkt ein CMS seriöser als ein Blog.

- Große Mengen von Informationen, beispielsweise zu den Abteilungen eines Sportvereins oder den Kursen einer Yogaschule, lassen sich in einer statischen Site mit Menüs besser anordnen und auffinden als in einem Blog.

- WordPress wird als Webshop betrieben. Auf der Startseite sollen die Produkte angezeigt werden und keine Blogbeiträge.

Eine statische Seite als Startseite

Eine etwas sperrige Terminologie verwendet das sonst so benutzerfreundliche WordPress für die Umstellung auf den CMS-Modus. Die Einstellung heißt *Statische Seite als Startseite*.

Zwei Wege führen zum Ziel, beide erreichen Sie über die linke Menüleiste im Backend. Entweder gehen Sie über *Design/Customizer/Startseiteneinstellungen* oder, wie im Bild gezeigt, über *Einstellungen/Lesen*.

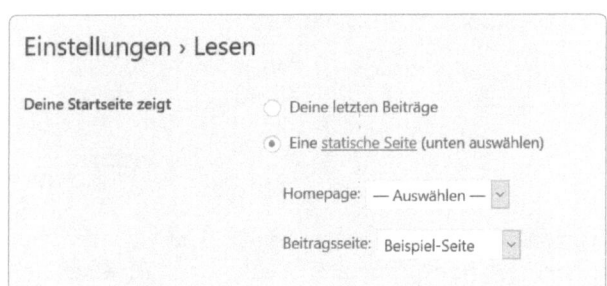

Bild 2.7: Umstellung vom Blogmodus (*Deine letzten Beiträge*) auf den CMS-Modus (*Eine statische Seite*) über *Einstellungen/Lesen*.

Standardmäßig ist *Deine letzten Beiträge* aktiviert, also der Blogmodus. Nachdem Sie den Radiobutton vor *Eine statische Seite* angeklickt und die Einstellung abgespeichert haben, läuft WordPress als CMS. Anschließend können Sie eine bestimmte statische Seite als Startseite auswählen. Das kann jede Seite sein, die Sie erstellt haben, oder die von WordPress mitgelieferte Beispielseite.

CMS IM VORDERGRUND, BLOG IM HINTERGRUND

CMS und Blog können innerhalb einer WordPress-Installation sehr gut zusammen betrieben werden. Das Blog muss nicht auf der Startseite angezeigt werden, es genügt auch die Aufrufbarkeit über ein Menü. Für die Bezeichnung der Menüpunkte bieten sich Begriffe wie »Aktuelles« oder »Neuigkeiten« an.

Hauptseiten und Unterseiten

Beim Anlegen von Seiten finden Sie rechts im Register *Dokument* das Fenster *Seiten-Attribute*. Im Feld *Übergeordnete Seite* ist standardmäßig kein Elternelement eingetragen. Es bleibt Ihnen überlassen, ob Sie schon beim Anlegen von Seiten eine Hierarchie mit Haupt- und Unterseiten erstellen wollen. Der Aufwand lohnt sich nämlich nur bei einer sehr großen Anzahl von Seiten. Für 90 % aller WordPress-Präsenzen ist folgende Strategie ökonomischer:

- Alle Seiten werden auf einer einzigen Ebene angelegt. Übergeordnete Seiten gibt es zunächst nicht.

- Die Hierarchisierung der Seiten findet über die Anordnung im Menü statt. Die Menüverwaltung von WordPress bietet dazu komfortable Möglichkeiten.

Bild 2.8: Im Fenster *Seiten-Attribute* lassen sich Seiten hierarchisieren.

Im darunterliegenden *Reihenfolge*-Feld können Sie mit der Auswahl einer Zahl im Drop-down-Feld die Anordnung der Menüpunkte beeinflussen.

Beispiel: Der Salsakurs erhält die Zahl 1, der Swingkurs die Zahl 2 und der Tangokurs die Zahl 3. Im Frontend wird dann die alphabetische Ordnung ersetzt, und der höher gewichtete Menüeintrag *Tango* erscheint zuerst.

Doch auch die Reigenfolge der Menüeinträge lässt sich später noch bequem einrichten. Wie beim Anlegen von Haupt- und Unterseiten gilt: Die Menüverwaltung führt unkomplizierter zum Ziel.

Der neue Gutenberg-Editor

Sobald Sie einen neuen Beitrag oder eine neue Seite erstellen, öffnet sich automatisch der Editor, also das Texteingabewerkzeug. Mit WordPress 5 wurde der Gutenberg-Editor eingeführt. Das Prinzip: Alle Inhaltstypen werden in einem speziellen Block erstellt. Die Tabelle zeigt fünf häufig benötigte Aufgaben und die dafür vorgesehenen Blöcke:

AUFGABE	BLOCK
Textabsatz erstellen, formatieren und ausrichten	Absatzblock
Überschrift erstellen, formatieren und ausrichten	Überschriftenblock
Bild einfügen und ausrichten	Bildblock
Liste erstellen, formatieren und ausrichten	Listenblock
Tabelle erstellen, formatieren und ausrichten	Tabellenblock

Am besten beginnen Sie mit der Erstellung eines Texts. Dazu wird der Absatzblock benötigt. Vielleicht fragen Sie sich, warum es Absatzblock und nicht Textblock heißt? Des Rätsels Lösung: Der Gutenberg-Editor legt für jeden neuen Absatz einen separaten Block an. Ein in zwei Absätze gegliederter Text besteht also nicht aus einem Textblock, sondern aus zwei Absatzblöcken.

Einen Block hinzufügen

Bild 2.9: Mit einem Klick auf das eingekreiste Pluszeichen wird ein neuer Block hinzugefügt.

So erstellen Sie Ihren ersten Text mit dem Gutenberg-Editor:

① Klicken Sie auf + *Neu* und dann auf *Beitrag*.

② Geben Sie oben einen Beitragstitel ein, zum Beispiel *Mein neuer Beitrag*.

③ Überfahren Sie mit der Maus den Hinweis *Schreibe etwas oder tippe / zur Blockauswahl*.

④ Es erscheint das eingekreiste Pluszeichen, der sogenannte Inserter.

⑤ Mit einem Klick auf das Pluszeichen öffnet sich die Blockauswahl.

Bild 2.10: In der Blockauswahl erscheinen die am häufigsten genutzten Blöcke ganz oben. Für einen Text wird der Absatzblock benötigt.

Gutenberg bietet Ihnen nun eine Auswahl verschiedener Blöcke. Klicken Sie auf *Absatz*, um einen entsprechenden Block einzufügen.

Die Funktionsweise der Textwerkzeuge

Im Absatzblock sehen Sie oben einige Schaltflächen, die aus den üblichen Textbearbeitungsprogrammen bekannt sind oder deren Bedeutung sich schnell erschließt. Folgende Symbole werden angezeigt:

- Textausrichtung linksbündig, zentriert oder rechtsbündig
- Fette Schrift
- Kursive Schrift
- Link einfügen
- Durchgestrichene Schrift

Im Beispiel oben wurde »ab Montag« markiert und mit einem Klick auf das Symbol für Fettschrift (das dicke B) hervorgehoben.

Bild 2.11: Die Werkzeugleiste des Absatzblocks erinnert an bekannte Textverarbeitungsprogramme wie Word, Pages oder LibreOffice.

ABSÄTZE AUSRICHTEN

Bei der Ausrichtung von Absätzen sollten Sie auch die Benutzer von Smartphones im Blick behalten. Auf den kleinen Displays verursacht der Blocksatz ein sehr unnatürliches Schriftbild. Im Zweifelsfall bleiben Sie bei der üblichen linksbündigen Ausrichtung.

Bild 2.12: Ganz links in der Werkzeugleiste wird das Symbol des gerade verwendeten Blocks angezeigt.

Das Symbol ganz links dient nicht der Formatierung, sondern der Orientierung innerhalb des Gutenberg-Editors. Im obigen Beispiel zeigt es an, dass Sie sich in einem Absatzblock befinden. Mit einem Klick auf das kleine Dreieck lässt sich der Blocktyp umwandeln.

TEXTE FÜRS WEB ERSTELLEN

Auf den ersten Blick erinnert der Absatzblock zwar an die üblichen Textverarbeitungsprogramme, die Formatierungsmöglichkeiten unterscheiden sich aber. Textzeilen, die zum Ausdrucken bestimmt sind, lassen sich fest positionieren. Ein HTML-Text fließt dagegen von links oben in den Bildschirm. Die Zeilenlänge ändert sich je nach Bildschirmgröße und -auflösung. Kommen Sie also nicht auf die Idee, Trennstriche einzufügen. Mit hoher Wahrscheinlichkeit landen sie auf den Anzeigegeräten der Seitenbesucher nicht dort, wo sie hingehören.

Schriftgrößen, Initiale und Farben

Zusätzlich zur Werkzeugleiste im Hauptfenster bietet der Gutenberg-Editor in der rechten Spalte noch mehr Einstellungsmöglichkeiten. Klicken Sie dazu auf das Register *Block*. Für einen Absatzblock haben Sie folgende Optionen:

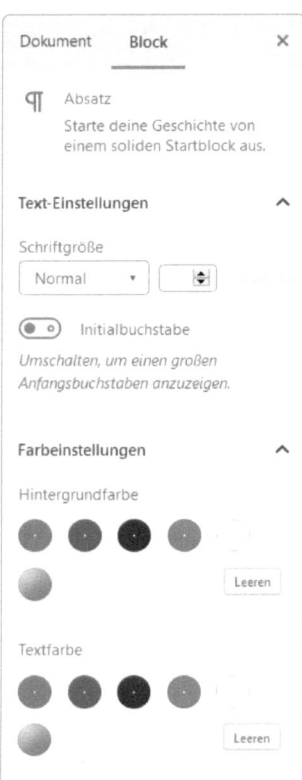

- Die Schriftgröße anpassen.

- Einen Initialbuchstaben einfügen, also einen großen Anfangsbuchstaben.

- Die Hintergrundfarbe einstellen.

- Die Textfarbe einstellen.

Erfreulicherweise denkt WordPress ein bisschen mit, um Designfehler zu vermeiden. Sie erhalten beispielsweise eine Warnmeldung in der Farbeinstellung, falls ein zu geringer Kontrast zwischen Hintergrund- und Textfarbe die Lesbarkeit erschwert.

Für das Einfügen eines Links ist kein spezieller Block notwendig. Ein Link kann innerhalb eines Absatzblocks gesetzt werden.

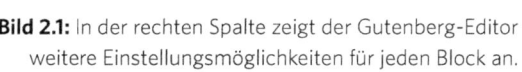

Bild 2.1: In der rechten Spalte zeigt der Gutenberg-Editor weitere Einstellungsmöglichkeiten für jeden Block an.

Links in den Beitrag einfügen

Für Links innerhalb eines Absatzblocks ist die Schaltfläche mit der Kette zuständig. Die Vorgehensweise:

① Markieren Sie den Linktext – ein oder mehrere Wörter.

② Klicken Sie in der Werkzeugleiste die Schaltfläche mit der Kette an.

③ Geben Sie das Linkziel in das Eingabefeld ein, zum Beispiel *https://de.wikipedia. org/wiki/Tango*.

④ Klicken Sie rechts neben dem Eingabefeld auf den *Übernehmen*-Pfeil.

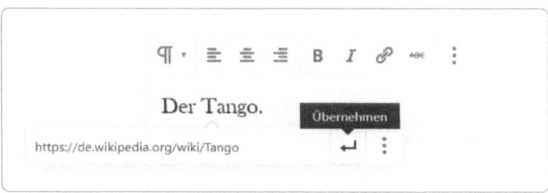

Bild 2.13: Über das Werkzeug mit dem Kettensymbol wird ein Link einfügt.

Im Beispiel führt der Link, erkennbar am vorangestellten *https://*, auf eine fremde Seite, nämlich die Tangoseite der Wikipedia. Für den WordPress-Admin ärgerlich wäre es allerdings, wenn der Besucher auf der Wikipedia bliebe und die ursprüngliche Website nicht wieder ansteuern würde. So lösen Sie das Problem:

① Klicken Sie auf die drei Punkte, um zu den *Link-Einstellungen* zu gelangen.

② Aktivieren Sie den Schieberegler vor *In neuem Tab öffnen*.

③ Klicken Sie auf den *Übernehmen*-Pfeil.

Bild 2.14: Der Besucher bleibt der eigenen Website erhalten, wenn sich mit dem Klick auf den Link ein neuer Browser-Tab öffnet.

Der aktive Schieberegler bewirkt, dass sich im Browser des Besuchers ein neues Fenster bzw. ein neuer Tab öffnet. Bei externen Links bleibt der Besucher damit gleichzeitig auf Ihrer Site, wenn er den Link anklickt.

Für interne Links ist der Haken dagegen extrem schädlich. Ein Besucher, der bei jedem Klick innerhalb einer Website mit einem neuen Tab konfrontiert wird, wäre schnell verwirrt.

Sie möchten den Link wieder aufheben? Kein Problem, ein Klick auf die geöffnete Kette entfernt die Verlinkung wieder.

Bild 2.15: Mit einem Klick auf die geöffnete Kette wird ein Link wieder entfernt.

Der Überschriftenblock

Lange Texte, bei Zeitungsverlagen auch »Bleiwüsten« genannt, mag im Internet niemand lesen. Wer seine Besucher nicht verlieren will, strukturiert Informationen mithilfe von Überschriften. Zuständig für die Erstellung, Formatierung und Ausrichtung ist der Überschriftenblock.

Bild 2.16: Ein Klick auf das *T* (von Topic) öffnet den Überschriftenblock.

Klicken Sie wieder auf das eingekreiste Pluszeichen, um zur Blockauswahl zu gelangen. Wählen Sie dann das große *T*, es steht für das englische Topic (Überschrift). Nun öffnet sich der Überschriftenblock.

Bild 2.17: Über die Werkzeugleiste wird die Überschrift formatiert. Voreingestellt ist die Überschriftengröße *H2*.

Überschriften lassen sich, wie es die HTML-Konvention vorschreibt, in sechs verschiedenen Größen darstellen, von *H1* (größte Überschrift) bis *H6* (kleinste Überschrift). Voreingestellt hat der Gutenberg-Editor die Überschrift *H2*, und das aus gutem Grund. Die Überschrift *H1* ist nämlich für den Titel reserviert und sollte kein zweites Mal eingesetzt werden.

Weiterlesen ... wir bauen einen Teaser

Der Gutenberg-Editor dient nicht nur der Platzierung von Inhalten, sondern auch dem Layout. Unter der Rubrik *Layout-Elemente* sehen Sie eine Übersicht entsprechender Blöcke. Besonders wichtig ist der Weiterlesen-Block, Sie erkennen ihn am Icon mit den zwei Linien, einer durchgezogenen und einer gestrichelten – und an der Bezeichnung *Mehr*.

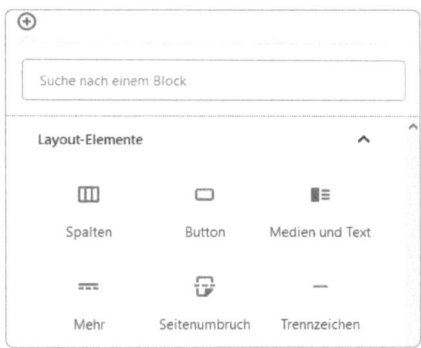

Bild 2.18: Der Weiterlesen-Block trägt die Bezeichnung *Mehr*.

Was hat es mit dem Weiterlesen auf sich? Ein neuer Beitrag erscheint auf der Startseite von WordPress immer ganz oben. Wenn er aber etwas länger ausfällt, verdrängt er die älteren so weit nach unten, dass sie nur noch mit Mühe bzw. Scrollen entdeckt werden können. Was tun, um Salsakurs, Tangoworkshop und Tanzparty möglichst gleichwertig auf der Startseite darzustellen?

Dafür sind die Teaser da. Bekannt ist diese Technik von Zeitungen und aus dem Fernsehen. Kleine Ausschnitte sollen neugierig auf mehr machen.

Teaser-Text

- - - - - - - - - - - - - - - WEITERLESEN - - - - - - - - - - - - - -

Haupt-Text

Bild 2.19: Der *WEITERLESEN*-Block trennt zwischen Teaser und Haupttext.

In WordPress werden Teaser mit dem *WEITERLESEN*-Block erstellt. Fügen Sie ihn dort ein, wo Teaser und Haupttext getrennt werden sollen. Durch das Prinzip der Anrisstexte verbessert sich die Platzaufteilung auf der Website. So kann jede Zielgruppe mit einem interessanten Beitrag bedient werden, ohne lange scrollen zu müssen.

Blöcke einfügen, managen und löschen

Mit einem Klick auf die drei Punkte in der Werkzeugleiste ganz rechts öffnet sich ein Menü mit verschiedenen Optionen:

Bild 2.20: Ein Klick auf die drei Punkte in der Werkzeugleiste öffnet verschiedene Optionen zur Platzierung eines Blocks.

- *Duplizieren* – Dieses Feature ist nützlich, um einen Block als Vorlage für einen weiteren Block zu verwenden.
- *Davor einfügen* – Ein neuer Block wird oberhalb eingefügt.
- *Danach einfügen* – Ein neuer Block wird unterhalb eingefügt.
- *Als HTML bearbeiten* – In der Praxis kommt es immer wieder einmal vor, dass ein Text im Editor nicht ganz das tut, was er soll. Um schnell einen Fehler zu finden und zu beheben, wählen Sie den HTML-Modus.
- *Zu wiederverwendbaren Blöcken hinzufügen* – Dieser Block wird abgespeichert. Sie können ihn im Gutenberg-Editor aufrufen und wiederverwenden.
- *Block entfernen* – Der Block wird gelöscht.

Blöcke verschieben

Sie möchten einen Block verschieben? Dann fahren Sie mit der Maus links oben neben den entsprechenden Block, bis das Verschiebewerkzeug erscheint. Klicken Sie auf den oberen oder den unteren Pfeil, um den Block um eine Position in die jeweilige Richtung zu verschieben.

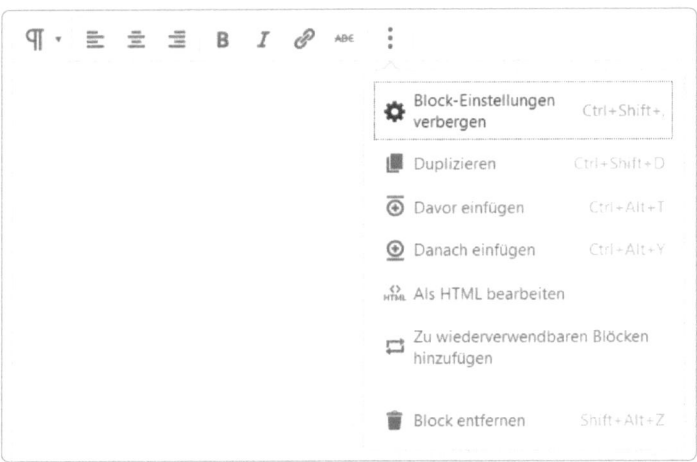

Bild 2.21: Jeder Block kann nach oben oder unten verschoben werden.

Listen, Tabellen und Spalten

Lange Texte sind auf Websites nicht üblich. Zu den wichtigsten gestalterischen Elementen zählen Listen, Tabellen und Spalten. Auch hierfür hat der Gutenberg-Editor spezielle Blöcke auf Lager. Zum Aufruf des gewünschten Blocks stehen Ihnen immer zwei Möglichkeiten zur Verfügung:

- Sie klicken sich manuell durch die Blockrubriken.
- Sie geben den gesuchten Blocknamen in das Gutenberg-Suchfeld ein.

Listen erstellen

Bild 2.22: Die Eingabe von »Liste« in das Gutenberg-Suchfeld führt zum Listenblock.

Über *Liste* im Gutenberg-Suchfeld gelangen Sie zum Listenblock. Zwei unterschiedliche Listentypen können Sie in der Werkzeugleiste auswählen:

- gepunktete Liste
- nummerierte Liste

Bild 2.23: Die gepunktete Liste: Jeder Eintrag ist mit einem Punkt hervorgehoben.

Das Beispiel zeigt eine gepunktete Liste. Klicken Sie oben in der Werkzeugleiste auf das Icon mit den Ziffern, um eine nummerierte Liste zu erzeugen. Anstelle der Punkte platziert der Listenblock dann automatisch vor jedem Eintrag die passende Nummer.

Neue Tabellen anlegen

Geben Sie »Tabelle« in das Gutenberg-Suchfeld ein, um zum Tabellenblock zu gelangen. Die Anzahl der Spalten und Zeilen können Sie schon beim Erstellen eingeben. Sie können aber auch noch während der Bearbeitung Spalten und Zeilen hinzufügen und löschen.

Bild 2.24: Im Tabellenblock voreingestellt sind *2* Spalten und *2* Zeilen. Über die Drop-down-Felder rechts kann die Anzahl der Spalten und Zeilen variiert werden.

Nun haben Sie in einer Tabelle die Möglichkeit, Texte in mehreren Spalten darzustellen. Was aber, wenn neben einem Text etwas anderes erscheinen soll, beispielsweise eine Liste? Hierfür gibt es den Spaltenblock.

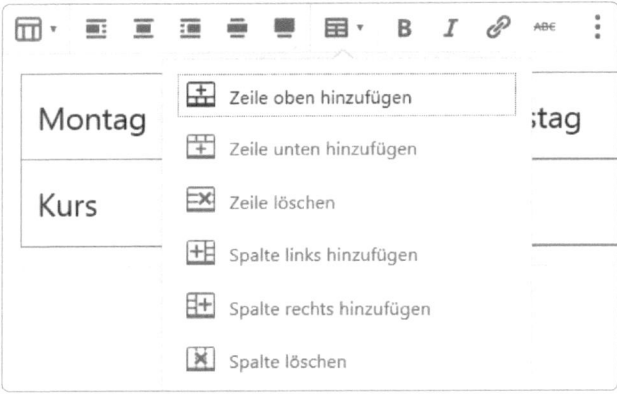

Bild 2.25: In der Mitte der Werkzeugleiste des Tabellenblocks befindet sich das Tool zum Hinzufügen und Löschen von Zeilen und Spalten.

Mehrspaltigkeit mit Gutenberg

Geben Sie »Spalten« in die Gutenberg-Suche ein und klicken Sie auf das Icon. Anschließend füllen Sie die Spalten mit anderen Blocks, beispielsweise mit Absatzblöcken oder auch einer Mischung, wie im folgenden Bild zu sehen ist. Links befindet sich ein Absatzblock, rechts ein Listenblock. Beachten Sie aber, dass die Mehrspaltigkeit zurzeit noch nicht mit allen Blocktypen funktioniert.

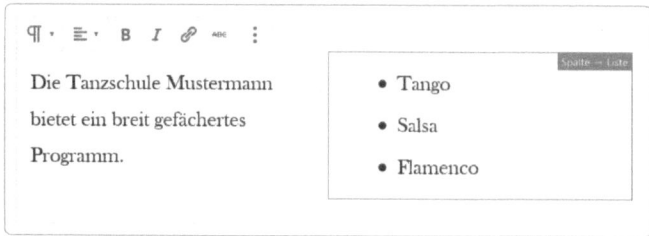

Bild 2.26: Der Spaltenblock ermöglicht die horizontale Darstellung unterschiedlicher Inhalte. Links ist ein Absatzblock eingefügt, rechts ein Listenblock.

Medien und Mediathek

So richtig attraktiv wird Ihr Projekt erst mit passenden Medien – sprich Bildern, aber auch Videos und Audiodateien. Für Medien hat der Gutenberg-Editor ebenfalls verschiedene Blöcke auf Lager. Sie finden sie aber nicht in einer eigenen Rubrik, sondern einsortiert in die allgemeinen Blöcke.

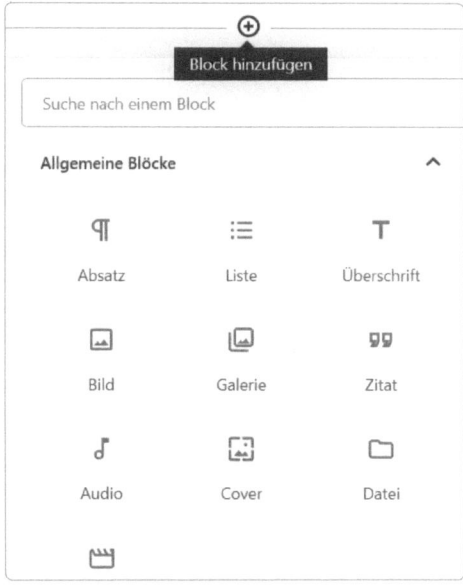

Bild 2.27: Die Medienblöcke des Gutenberg-Editors sind bei den allgemeinen Blöcken einsortiert.

Ein Medium hinzufügen

So fügen Sie ein Bild oder ein anderes Medium in einen Beitrag oder eine Seite ein:

❶ Klicken Sie auf das eingekreiste Pluszeichen.

❷ Klicken Sie auf *Allgemeine Blöcke*.

❸ Wählen Sie zwischen diesen Medientypen: *Bild*, *Galerie* (mehrere Bilder), *Audio*, *Cover* (Bild mit Texteinblendung) und *Video*.

Am besten beginnen Sie mit einem einfachen *Bild*.

Bild 2.28: Jedes hochgeladene Bild speichert WordPress in der Mediathek.

Die Bildquelle wählen

Nachdem Sie den Bildblock geöffnet haben, müssen Sie eine Bildquelle auswählen. Drei Möglichkeiten stehen zur Verfügung:

- Ein neues Bild hochladen und es damit in die Mediathek befördern.

- Ein Bild auswählen, das sich bereits in der Mediathek befindet.

- Ein Bild von einer URL einfügen. Diese Option ist allerdings nicht nur aus Gründen des Urheberrechts problematisch. Falls sich nämlich die URL der Bildquelle ändert, wird das Bild auch bei Ihnen nicht mehr angezeigt.

Ein Bild individuell ausrichten

Nach dem Upload nutzen Sie die Werkzeugleiste oben zur Ausrichtung. Standardmäßig ist *Linksbündig* eingestellt. Unterhalb des Bilds haben Sie die Möglichkeit, den Betrachtern einige Informationen zu geben. Mit den Anfassern rechts und unten können Sie die Bildgröße verändern.

Bild 2.29: Nach dem Hochladen wird das Bild ausgerichtet und mit Metadaten versehen.

Metainformationen hinzufügen

Vergessen Sie nicht, in der rechten Spalte im Register *Block* einen sogenannten *Alt-Text (Alternativer Text)* einzugeben. Dieser Text wird nicht angezeigt, erfüllt aber zwei wichtige Aufgaben: Blinden Nutzern wird der Alternativtext zum Bild vorgelesen, und auch die Suchmaschinen bedienen sich dieser Informationen.

Medien direkt hochladen

Bilder und mehr finden Sie, wenn Sie links im Dashboard auf den Menüpunkt *Medien* klicken – allerdings nur solche, die Sie selbst dort hochgeladen haben. Frisch nach der WordPress-Installation ist die Mediathek wüst und leer.

Nach einem Klick auf *Datei hinzufügen* erscheint das Upload-Feld. Medien können Sie entweder wie üblich hochladen oder per Drag-and-drop direkt vom Bildschirm in das gestrichelte Feld ziehen. Die maximale Dateigröße für den Upload kann durch den Provider beschränkt werden, beispielsweise auf 200 MByte. Ausschöpfen sollte Sie sie für Bilder natürlich nicht, denn die entsprechenden Ladezeiten würden die Besucher nicht erfreuen.

Mit einer Größe von maximal 0,1 MByte pro Bild sind Sie dagegen auf der sicheren Seite. Falls Sie das Limit für ein Video überschreiten, können Sie es auch per FTP in die Mediathek hochladen.

WordPress sortiert alle Medien in nach Monaten benannte Ordner ein. Um das Prinzip zu verstehen, gehen Sie am besten den Weg über einen Beitrag: Schreiben Sie einen Beitragstext und laden Sie im Bildblock ein Bild hoch. Daraufhin legt WordPress die für die Mediathek relevanten Verzeichnisse *uploads*, *2019* und Monatsordner an. Nun ist auch die Mediathek einsatzbereit, und Sie können »auf Vorrat« weitere Medien hochladen.

BILDFORMATE FÜRS INTERNET

Für das Internet sind nur schlanke und standardisierte Bildformate sinnvoll. Kommen Sie also nicht auf die Idee, ein Bild im Photoshop-Format PSD hochzuladen. WordPress nimmt dieses Format gar nicht an. Geeignet sind die drei Webformate GIF, JPEG und PNG.

Am meisten verbreitet ist zwar JPEG, aber für Extras müssen Sie auf die beiden anderen zurückgreifen. Interessante Effekte lassen sich mit transparenten Bildern erzielen, hinter denen der Seitenhintergrund durchscheint. Das Format PNG24 ist dafür bestens geeignet, weil der Übergang zwischen Bild und Hintergrund in einer für das Auge stufenlosen Transparenz erfolgt. Mit GIF können Sie nicht nur transparente Bilder herstellen, sondern auch kleine Animationen.

YouTube-Videos einbetten

Die Funktionsweise ist ganz einfach: Sie gehen auf die YouTube-Seite und kopieren die URL des gewünschten Videos. Dann fügen Sie sie in den Videoblock ein. Vergessen Sie aber nicht, in Ihrer Datenschutzerklärung auf die YouTube-Einbettung hinzuweisen. YouTube bzw. der Mutterkonzern Google sammelt nämlich Daten von den Betrachtern.

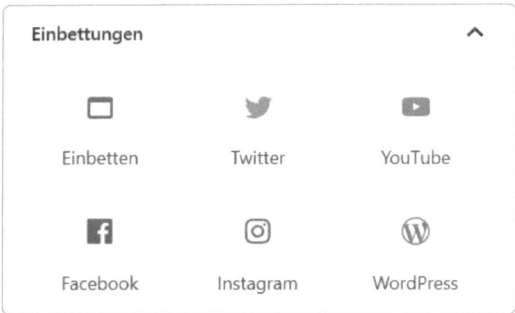

Bild 2.30: Der Gutenberg-Editor ermöglicht die Einbettung unterschiedlicher Dienste. Auch für YouTube-Videos stellt der Gutenberg-Editor einen Block bereit. Sie finden ihn unter *Einbettungen*.

Bild 2.31: Die YouTube-URL wird in den YouTube-Block eingegeben.

Videos aus der Mediathek

Sie haben auch die Möglichkeit, ein Video in die Mediathek zu laden und direkt von Ihrer Website abzuspielen. Damit umgehen Sie die Datenschutzproblematik und riskieren nicht, dass sich Ihre Besucher nach dem Betrachten auf YouTube verlieren.

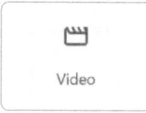

Bild 2.32: Der Videoblock führt zur Mediathek.

Den Videoblock finden Sie bei den allgemeinen Blöcken. Mit dem Anklicken blendet WordPress ein Upload-Fenster ein. Nach dem Hochladen können Sie Ihr Video ausrichten und darunter den Titel oder andere Informationen hinzufügen.

Hamster Moses hat immer Hunger

Bild 2.33: Der Videoplayer von WordPress spielt Videos aus der Mediathek ab.

Halt! – Das Urheberrecht

Die Zeiten, in denen man als Admin schnell ein Bild gegoogelt und auf der eigenen Site eingebaut hat, sind vorbei. Für alle Bilder, die Sie hochladen oder verlinken, sollten Sie das Urheberrecht im Auge behalten.

Im Zweifelsfall fragen Sie beim Fotografen nach oder schießen Ihre Aufnahmen selbst. Dabei dürfen Sie aber keine direkt erkennbaren Personen ohne deren Einwilligung knipsen. Erlaubt sind lediglich Aufnahmen einer Menschenmasse, in der die einzelnen Personen schwer zu identifizieren sind. Sie müssen also für eine Totalansicht von Neuschwanstein nicht alle Japaner wegscheuchen.

Das in diesem Buch abgebildete Foto von Frank Sinatra (Seite 49) darf übrigens von jedermann verwendet werden. Es stammt aus dem Fundus der US-Library of Congress. Zu finden und korrekt als gemeinfrei deklariert ist es in der Wikipedia.

Aufs Glatteis können Sie auch mit YouTube-Videos geraten. Weil sie in der Regel nicht bei den Seitenbetreibern auf dem Server liegen, fällen die Gerichte unterschiedliche Urteile zur Verantwortung. Es bleibt Ihnen überlassen, ob und welche Videos Sie einbetten.

Und bei selbst gedrehten Clips? Seien Sie davor gewarnt, zur Untermalung Musik zu verwenden, die bei der GEMA registriert ist – darunter fallen ungefähr 99,99 % der Stücke, die im Radio gespielt werden. Eine ganz schlechte Idee ist es auch, bei den Verwertungsgesellschaften registriertes Audiomaterial auf der eigenen Seite abzuspielen. Das gilt sogar für Ihre eigene Interpretation von »Smoke On The Water«. Mozart und Bach hingegen dürfen Sie hemmungslos auf der Heimorgel vertonen. In Deutschland endet die Schutzfrist 70 Jahre nach dem Tod des Komponisten.

STOCKFOTOS

Wenn Sie schnell und relativ preisgünstige und professionelle Grafiken und Bilder für Ihre Website benötigen, bietet sich der Einsatz von Stockfotos an. Der Begriff leitet sich von dem englischen Wort für »Vorrat« ab. Große Agenturen wie Fotolia, iStockphoto oder Shutterstock bieten einen reichhaltigen Fundus an typischen Bildern an, die Sie gegen Gebühr auf Ihrer Site verwenden dürfen.

Aber auch dabei müssen Sie sich mit rechtlichen Dingen auseinandersetzen. Lesen Sie die jeweiligen FAQs und Lizenzbedingungen genau durch, um unliebsame Überraschungen zu vermeiden. Fast alle Agenturen verlangen einen Hinweis auf den Fotografen, unterschiedliche Vorgaben gibt es jedoch zum Ort der Kennzeichnung – im Impressum oder direkt am Bild.

Neue Themes einsetzen

Themes bestimmen die Optik einer Website. Auf einem frischen WordPress finden Sie drei vorinstallierte Themes mit den selbsterklärenden Namen *Twenty Sixteen*, *Twenty Seventeen* und *Twenty Nineteen*. (Im Jahr 2018 wurde kein neues Standardtheme produziert.) Aktiv ist *Twenty Nineteen*. Eine Mischung verschiedener Themes ist nicht vorgesehen. Die Aktivierung eines neuen Themes deaktiviert automatisch den Vorgänger.

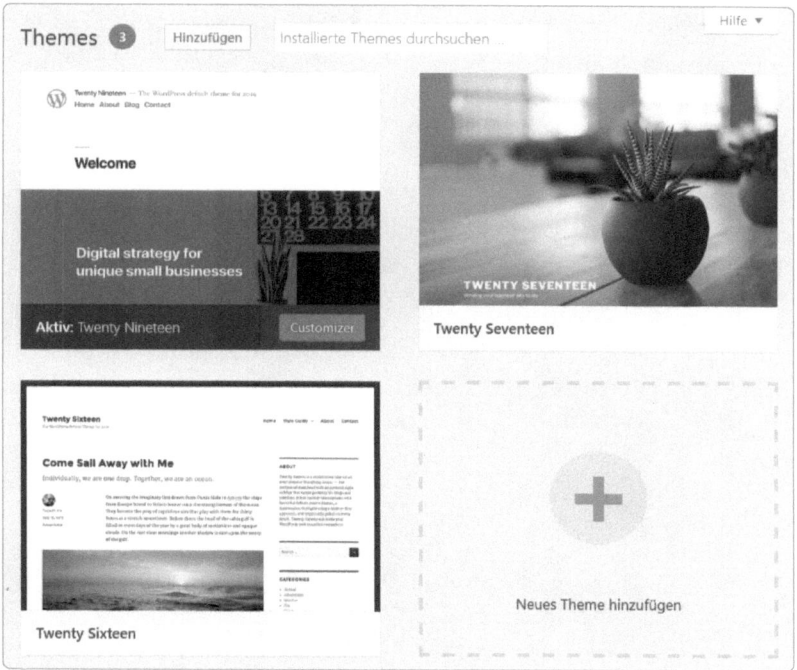

Bild 2.34: Drei Themes sind installiert, aktiv ist das jeweils jüngste Standardtheme.

Die Themes-Verwaltung

In die *Themes*-Verwaltung gelangen Sie über *Design/Themes*. Nachdem Sie die Maus über ein Vorschaubild bewegt haben, werden verschiedene Schaltflächen eingeblendet, in der Mitte erscheint *Theme-Details*. Nach einem Klick erhalten Sie einen »Steckbrief«, mit dem sich die Brauchbarkeit fürs Projekt ganz gut einschätzen lässt. Mehr Spaß macht es aber, Themes direkt auszuprobieren. Klicken Sie dazu unten auf *Aktivieren* und testen Sie die drei mitgelieferten Themes. Das jeweils aktivierte Theme springt in der Ansicht immer nach links oben.

Die Live-Vorschau

Eine Alternative zur Aktivierung bietet die Live-Vorschau. Sie ermöglicht es, ein installiertes, aber nicht aktives Theme zu testen. Praktisch ist dieses Feature für laufende Projekte, weil Sie sich damit durch Themes wühlen können, ohne Ihre aktuellen Besucher zu verwirren. Erst mit einem Klick auf die Schaltfläche *Aktivieren und Veröffentlichen* wird aus der Live-Vorschau ein echter Themes-Wechsel.

Das Standardtheme Twenty Nineteen

Seit Version 5.0 verwendet WordPress *Twenty Nineteen* als Standardtheme. Den Schwerpunkt legten die Entwickler auf das Zusammenspiel mit dem neuen Gutenberg-Editor. Das Design ist deshalb sehr spartanisch gehalten.

Bild 2.35: Mit WordPress 5.0 wurde *Twenty Nineteen* zum neuen Standardtheme.

Leider muss gesagt werden, dass *Twenty Nineteen* zu den wenig attraktiven Standardthemes zählt. In der WordPress-Community wesentlich populärer ist der Vorgänger *Twenty Seventeen*. Ausdrücklich gewarnt sei vor dem optisch schlechtesten Standardtheme aller Zeiten, nämlich *Twenty Sixteen*.

Themes finden und installieren

Zum Ausprobieren eines neuen Themes müssen Sie WordPress nicht verlassen. Unter *Design/Themes/Hinzufügen* findet sich eine Auswahl, die Laune macht. Neue und attraktive Themes in Hülle und Fülle erscheinen dort als Vorschaubild. Sie können sich nach Herzenslust durchklicken und einige Kandidaten installieren. Quelle der im Backend gelisteten Themes ist das *Theme-Directory* von *WordPress.org*. Wie oben beschrieben, lassen sich alle installierten Themes live testen und aktivieren.

RESPONSIVE WEBDESIGN

Verwenden Sie kein Theme aus vergangenen Zeiten, als das Web ausschließlich auf Desktop-PCs betrachtet wurde. Das Zauberwort heißt Responsive Webdesign, und das steckt dahinter: Alle Gerätetypen weisen unterschiedliche Bildschirmgrößen auf. Wenn die Website auf Smartphones, Tablets, Laptops und Desktoprechnern gleichermaßen gut aussehen und bedienbar sein soll, muss sie sich dem Endgerät anpassen. Erforderlich ist dafür ein flexibles Layout. Idealerweise produziert es auf dem Smartphone eine einzige Navigationsspalte oder einen Text, auf dem Desktop dagegen die Webseite in ihrer ganzen Breite. Achten Sie bei der Auswahl Ihres Themes auf Angaben zum Responsive Web.

Themes aktualisieren

Alle Themes aus dem *WordPress.org*-Verzeichnis machen sich unübersehbar im Backend bemerkbar, sobald ein Update vorliegt. Das gilt nicht nur für das aktive, sondern für jedes installierte Theme. Das Update können Sie per Knopfdruck einspielen. Falls Sie Themes nicht nur über Schaltflächen, sondern direkt im Quellcode verändern, sollten Sie die Technik der Child-Themes einsetzen.

Themes löschen

Das jüngste Standardtheme sollten Sie auch dann beibehalten, wenn Sie es nicht aktiv verwenden. So steht es für die Analyse von Fehlern jeder Art zur Verfügung und dient Ihnen als Retter in der Not, falls Sie Ihr aktives Theme aus Versehen zerschossen haben. In diesem Fall versucht WordPress nämlich einen Rückgriff auf ein Standardtheme.

Alle anderen Themes-Leichen dürfen Sie mit gutem Gewissen wieder entfernen, denn sie verursachen nur unnötige Update-Arbeit und blähen das System auf. Der *Löschen*-Button befindet sich in der rechten unteren Ecke des Vorschaubilds in der Themes-Übersicht.

Kostenlose und kostenpflichtige Themes

Das Backend von WordPress zapft das große »amtliche« Themes-Verzeichnis an, das Sie auch unter *https://de.wordpress.org/themes* finden. Dort sind die mittlerweile über 3.000 kostenlosen Themes direkt abrufbar. Im Suchfilter können Sie technische oder inhaltliche Schlagwörter vergeben, wie zum Beispiel *Responsive*, *Journal* oder *Shop*.

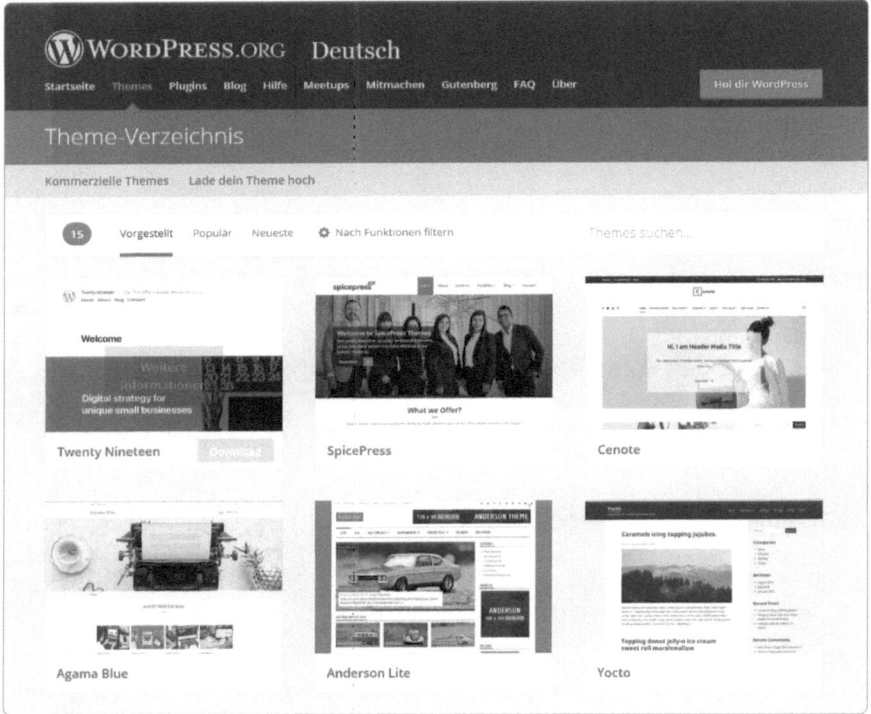

Bild 2.36: Tausende kostenloser Themes bietet das offizielle Themes-Verzeichnis: *https://de.wordpress.org/themes*.

Gütekriterien für Themes

Bevor Sie ein Theme installieren, sollten Sie das Vorschaubild anklicken und einen Blick auf die rechts angezeigten Gütekriterien werfen:

- *Das letzte Update* – Wann fand das letzte Update statt? Liegt das Datum schon mehr als ein halbes Jahr zurück, hat der Entwickler das Theme wahrscheinlich aufgegeben. Wählen Sie keine Themes, die nicht mehr gepflegt werden.

- *Anzahl der aktiven Installationen* – Eine hohe Anzahl von aktiven Installationen zeigt, dass das Theme auch von anderen WordPress-Admins gern verwendet wird. Allerdings hat dieses Kriterium bei neu entwickelten Themes nur eine begrenzte Aussagekraft.

- *Theme-Bewertung* – Eine hohe Anzahl von Fünfsternebewertungen ist immer ein gutes Zeichen. Werfen Sie aber auch einen Blick auf die Kommentare, um die Gründe für gute (und schlechte Bewertungen) zu erfahren. Lassen Sie sich von einzelnen Einsternbewertungen nicht abschrecken, manchmal hat ein Bewerter ein Theme einfach nur für den falschen Zweck eingesetzt und etwas Dampf abgelassen.

Sie haben ein optisch passendes Theme im offiziellen Themes-Verzeichnis gefunden? Laden Sie es aber nicht von *WordPress.org* herunter, sondern über Ihr Backend via *Design/Themes/Hinzufügen*.

Kostenpflichtige Themes

Kostenpflichtige Themes erhalten Sie nicht im WordPress-Verzeichnis, sondern auf externen Websites. Qualitativ hochwertige Themes und einen deutschen Support finden Sie bei diesen Anbietern:

- Elmastudio: *https://www.elmastudio.de/*
- MH Themes: *https://mhthemes.com/de/*
- ThemeZee: *https://themezee.com/de/*

Heruntergeladene Themes installieren

Für Themes, die nicht im Directory von *WordPress.org* verzeichnet sind, funktioniert die Installation ein bisschen anders.

Zuerst müssen Sie das Theme herunterladen. Die meisten Themes werden als ZIP-Archive angeboten. Das heruntergeladene Theme sollten Sie aber nicht entpacken. Im Backend können Sie nämlich unter *Design/Themes/Hinzufügen/Theme hochladen* das unveränderte ZIP-Archiv auswählen. Das Entpacken erledigt WordPress dann selbst. Falls Sie das Theme aus Versehen schon entpackt haben oder gar kein ZIP-Verzeichnis vorliegt, bleibt Ihnen noch die manuelle Installation übrig.

Themes per FTP manuell installieren

So gehen Sie vor, um ein Thema via FTP zu installieren:

1. Entpacken Sie das Theme. Sie erhalten dann einen Ordner, der normalerweise namensgleich mit dem Theme ist, etwa *Tangotheme2000*.

2. Laden Sie den entpackten Ordner als Ganzes in das Themes-Verzeichnis hoch, beispielsweise nach *https://www.tanzschule-mustermann/wp-content/themes/*.

3. Kontrollieren Sie, ob das Theme am richtigen Platz gelandet ist, hier: *https://www. tanzschule-mustermann/wp-content/themes/tangotheme2000*.

Danach finden Sie das *Tangotheme 2000* in der Themes-Verwaltung installiert, aber noch nicht aktiviert. Klicken Sie auf *Aktivieren*, um das Theme im Einsatz zu sehen.

Themes via Customizer anpassen

In der Themes-Verwaltung, aufrufbar über *Design/Themes*, sehen Sie links oben das Vorschaubild des gerade aktivierten Themes. Über die Schaltfläche *Customizer* gelangen Sie direkt zu den Einstellungsmöglichkeiten.

Bild 2.37: Die Schaltfläche *Customizer* öffnet das gleichnamige Tool.

Arbeiten im Customizer

Für den Customizer gilt: Alle von Ihnen getätigten Veränderungen werden live angezeigt, aber erst mit dem Klick auf *Veröffentlichen* wirksam.

Seitentitel und Untertitel ändern

In WordPress führen manchmal verschiedene Wege zum Ziel. Seitentitel und Untertitel können Sie nicht nur über *Einstellungen/Allgemein* ändern, sondern auch per Customizer über den Menüpunkt *Website-Informationen*.

Außerdem können Sie dort ein Logo und ein Website-Icon (für die Anzeige im Browser) auswählen. Die idealen Maße sind:

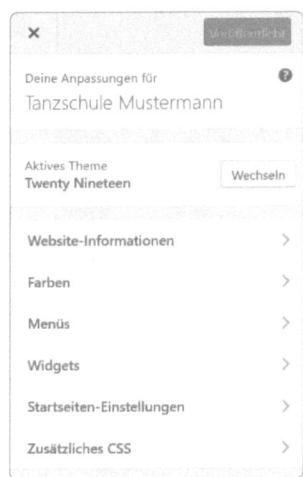

- Logo: 190 × 190 Pixel. Diese Größe gilt nur für das Theme *Twenty Nineteen*.

- Website-Icon: 512 × 512 Pixel. Diese Größe gilt unabhängig vom Theme.

Bild 2.1: Unter *Website-Informationen* können Seitentitel und Untertitel geändert werden.

Headerbild einfügen

Mit einem Headerbild (Banner) gewinnt eine Website an Individualität – wenn das Theme denn ein Headerbild zulässt. Bei *Twenty Nineteen* ist das nämlich gar nicht der Fall. Für Themes mit Headerbild-Option gilt: Ausrichtung (Hoch- oder Querformat) und genaue Größe sind fix vorgegeben. Zwar lässt sich ein Headerbild auch nach dem Hochladen noch schnell zuschneiden, doch bei dieser Methode können Sie auch Überraschungen erleben. Beachten Sie daher die im Customizer Ihres Themes empfohlene Pixelgröße.

Theme-Farben anpassen

Farben gehören unbestritten zum wichtigsten Gestaltungs- und Wiedererkennungsmittel – nicht nur einer Website. Über die ideale Zusammensetzung von Farben streiten die Gelehrten, seit Goethe seinen Farbkreis entwickelt hat. Keine Sorge, durch diese Theorie müssen Sie sich nicht durchwühlen.

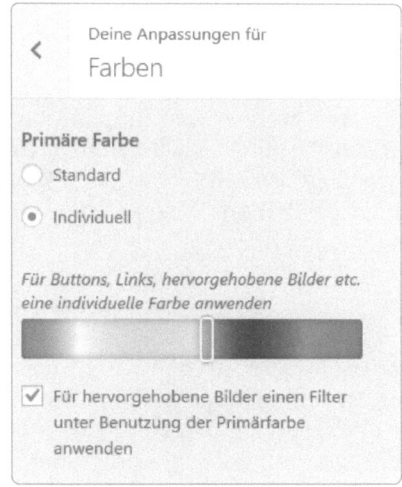

Bild 2.38: Im Customizer können die Farben eines Themes angepasst werden.

Unter *Farben* finden Sie je nach Theme eine unterschiedliche Anzahl voreingestellter Schemata. Leider weicht *Twenty Nineteen* hier von der Regel ab, denn die Anpassungsoptionen sind auf die Individualisierung weniger Elemente beschränkt. Für die meisten anderen Themes gilt: Der Charakter einer WordPress-Website lässt sich mit den Farbklicks geschmackvoll ändern. Abgestimmte Farbpaletten bewahren automatisch vor den schlimmsten Designkatastrophen. Grüne Schrift auf rosa Grund ist (hoffentlich) nicht dabei.

FARBEN NOTIEREN

Die Basis-Farbschemata lassen sich mit einem Klick immer wiederherstellen. Bei den selbst selektierten Farben ist das aber nicht der Fall. Es empfiehlt sich daher, sie zu notieren – nicht nur zur Sicherung einer einheitlichen Farbgebung. Vielleicht möchten Sie später ja auch Farbdefinitionen via CSS vornehmen. Notieren müssen Sie sich die Hexadezimalwerte. Der Wert *#dd9933* beispielsweise steht für einen Orangeton.

Menüs und Widgets verwalten

Der Customizer von *Twenty Nineteen* verfügt zwar auch über Einstellungsmöglichkeiten für Menüs und Widgets, doch für diese Aufgaben sind die Menü- und die Widgetverwaltung besser geeignet.

Menüs erstellen und verwalten

Menüs schaffen Ordnung und zeigen den Besucherinnen und Besuchern schnell, was sie erwartet. Bietet die Tanzschule Mustermann auch Flamencokurse an? Ein Klick auf den Menüpunkt *Kurse* sollte genügen. Auf einer gut strukturierten Website klappen dann Unterpunkte mit allen Angeboten auf: *Flamenco, Salsa, Standard, Swing, Tango.* Ein Klick auf *Flamenco* leitet die Suchenden zu einer Seite mit allen weiteren Informationen: Kleidung, Kursbeginn, Preis ... und ob auch Männer mittanzen.

Neue Menüs erstellen

Klicken Sie im Dashboard auf *Design/Menüs*, um ein neues Menü zu kreieren. Der Name wird dem Besucher nicht angezeigt, er dient nur der Verwaltung. Da bei den meisten Themes mehrere Menüs eingesetzt werden können, vergeben Sie den aussagekräftigen Namen *Hauptmenü*. *Twenty Nineteen* bietet über die Menüs auch eine schnelle Verlinkung mit den Social-Media-Netzwerken. Um dieses Feature einmal auszuprobieren, legen Sie ein zweites Menü an und vergeben den passenden Namen *Socialmenü*.

Bild 2.39: WordPress präsentiert sich nach der Installation noch ohne Menüs. Erst der Admin erweckt die Menüfunktion zum Leben.

Menüpositionen verwalten

Nun sollen die Menüs an der richtigen Stelle auf der Website angezeigt werden. Bewerkstelligen lässt sich das unter *Positionen verwalten*. Je nach Theme steht eine unterschiedliche Anzahl von Möglichkeiten zu Verfügung. Bei *Twenty Nineteen* sind es drei, doch nicht alle müssen ausgeschöpft werden. **Beispiel:**

- Die Position *Primär* wird mit dem *Hauptmenü* belegt.

- Die Position *Footer-Menü* bleibt leer.

- Die Position *Social-Links-Menü* wird mit dem *Socialmenü* belegt.

Bild 2.40: Das Theme *Twenty Nineteen* bietet drei Menüpositionen an. Es bleibt dem Admin überlassen, wie viele davon verwendet werden.

Punkte und Unterpunkte erstellen

Bevor ein Menüpunkt erstellt werden kann, muss die dazugehörige Seite vorhanden sein. Die Zuweisung lässt sich dann in drei Schritten erledigen:

1. Aktivieren Sie im linken Fenster die Checkboxen vor den gewünschten Seiten.

2. Klicken Sie auf den Button *Zum Menü hinzufügen*.

3. Erstellen Sie im Hauptfenster per Drag-and-drop die Menüstruktur. Bewegen Sie den Mauszeiger auf den gewünschten Eintrag. Es bildet sich ein Pfeilkreuz. Klicken Sie auf den Eintrag und halten Sie die linke Maustaste gedrückt. Dann ziehen Sie den Eintrag ein Stück nach rechts und lassen los. Durch Einrücken erzeugen Sie einen Unterpunkt. Sie können dabei auch weitere Ebenen bilden.

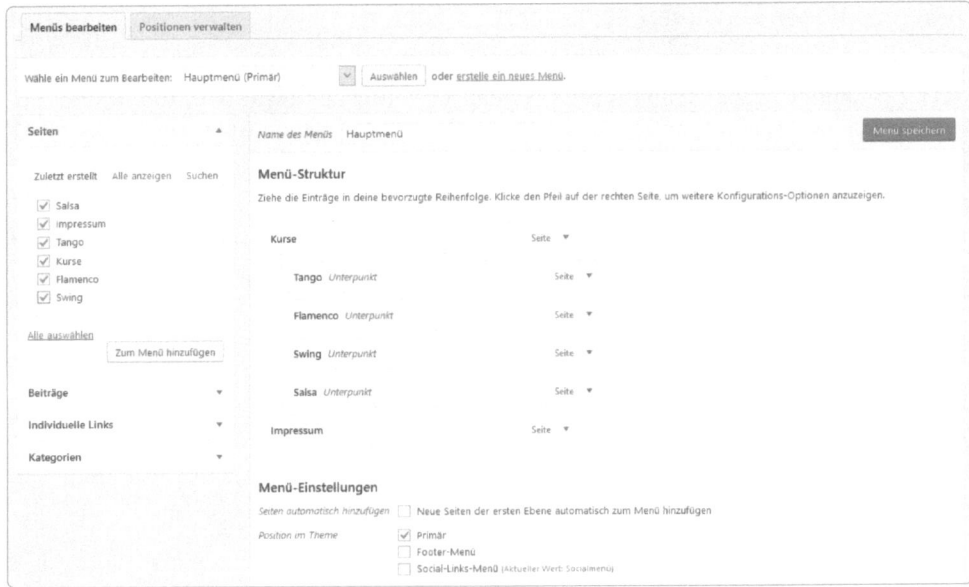

Bild 2.41: Das Herz der Menüverwaltung. Linkes Fenster: Seiten, aber auch Beiträge, individuelle Links und Kategorien lassen sich den Menüs hinzufügen. Hauptfenster: Menüpunkte können geordnet werden.

Über einen Haken finden Sie unten eine Möglichkeit, Seiten automatisch hinzuzufügen. Aktivieren Sie ihn, um neu erstellte Seiten der ersten Ebene sofort ins Menü zu integrieren.

MENÜPUNKTE SORTIEREN

Standardmäßig sortiert WordPress die Menüpunkte alphabetisch. Oft ist es aber besser, die Reihenfolge zugunsten der Relevanz zu ändern. Stark nachgefragte Kurse könnten weiter oben platziert werden als weniger wichtige Angebote. Mit Drag-and-drop lassen sich alle Punkte beliebig anordnen.

Das Social-Links-Menü

Das Hauptmenü steht? Dann geht es weiter mit dem *Social-Links-Menü*. Wie der Name vermuten lässt, hat *Twenty Nineteen* dafür ausschließlich Links vorgesehen. Diese führen zu den Startseiten der Social-Media-Accounts der Tanzschule Mustermann, also beispielsweise zu *https://twitter.com/tanzschulemustermann*.

In der Menüverwaltung können Sie in der linken Spalte die Rubrik *Individuelle Links* öffnen und diejenigen Netzwerke eintragen, in denen Sie eine Präsenz besitzen. Dann fügen Sie sie, wie vorher die Seiten, dem Menü hinzu.

Bild 2.42: Unterhalb des primären Menüs präsentiert *Twenty Nineteen* das *Social-Links-Menü*. Die Icons für Twitter, Facebook, Instagram und andere populäre Dienste werden automatisch zugeordnet.

Die passenden Icons – Wortlinks sind nicht vorgesehen – platziert das Theme automatisch. Das obige Bild zeigt die Links zu Twitter, Facebook und Instagram.

KATEGORIEN ALS MENÜPUNKTE

Sie können Ihre Website so logisch strukturieren, wie Sie möchten – die Besucher gehen ihre eigenen Wege. Den meisten ist es egal, ob ein Text als Beitrag oder als Seite angelegt ist – und ebenso, welche Links dorthin führen. Es wird geklickt, was interessiert und gefällt.

Gar nicht mal wenige Blogs verwenden Menüs deshalb nicht als Zugang zu Seiten, sondern packen Kategorien hinein. Klickt der Besucher auf eine Kategorie, wird eine Übersicht der zugeordneten Beiträge angezeigt mit dem jüngsten an der Spitze.

Weil diese originelle Technik den Menügedanken ad absurdum führt, sollte sie entweder durchgängig (alle Menüpunkte sind Kategorien) oder gar nicht eingesetzt werden. Um Kategorien hinzuzufügen, klicken Sie in der linken Spalte der Menüverwaltung auf *Kategorien* und verfahren ansonsten wie bei Seiten und Links.

Klein, aber oho! – Widgets

Widgets sind kleine Zusatzmodule, die die Funktionalität einer Website ergänzen, aber auch kleinere Texte enthalten können. Platziert werden sie in einer oder mehreren Sidebars (Seitenleisten) oder als Footer-Widget am unteren Ende der Site.

Themes legen Widgetbereiche fest

Das Theme bestimmt, wie viele Widgetbereiche zur Verfügung stehen und wo sie angezeigt werden. Ein sehr umfangreiches Theme kann auch mal mit einem Dutzend Widgetbereichen bestückt sein. Zwanghaft ausschöpfen müssen Sie die Widgetbereiche aber nicht. Nicht bestückte Bereiche werden von WordPress problemlos ausgeblendet.

Nach einem Themes-Wechsel sollten Sie die Präsenz der Widgets auf jeden Fall überprüfen, denn nicht selten sind einige davon verschoben – oder abgetaucht, weil der Widgetbereich im neuen Theme nicht existiert.

Im minimalistischen Standardtheme *Twenty Nineteen* steht nur ein einziger Widgetbereich zur Verfügung, und zwar im Footer, also dem unteren Bereich der Website.

Widgets verwalten

Im Backend erreichen Sie die Widgetverwaltung via *Design/Widgets*. Einem frisch installierten WordPress liegen sechs Widgets bei: *Suche, Neue Beiträge, Neue Kommentare, Archive, Kategorien* und *Meta*. In der Widgetverwaltung sind sie rechts zu sehen.

Über den Pfeil rechts vom Namen können Sie Widgets konfigurieren oder löschen. Neue Widgets lassen sich per Drag-and-drop in den Widgetbereich ziehen.

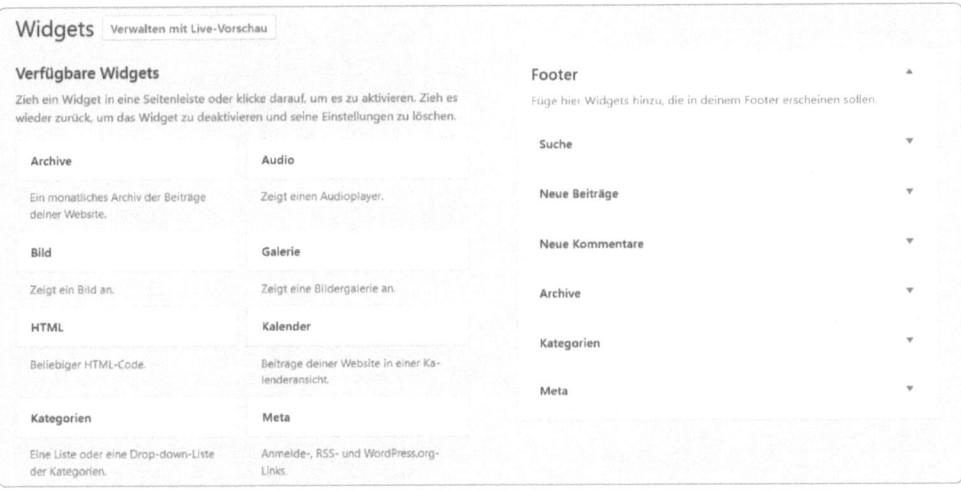

Bild 2.43: Aufgeräumt präsentiert sich die Widgetverwaltung im Standardtheme *Twenty Nineteen*: links die verfügbaren Widgets, rechts der einzige Widgetbereich. Über Drag-and-drop werden die Widgets angeordnet.

Die wichtigsten Widgets

WordPress-Neulinge fühlen sich von der Fülle der Widgets erst einmal erschlagen. Welche sind davon wirklich wichtig? Zunächst diese drei:

- *Suche* – Auf jede gute WordPress-Site gehört eine Suchmaschine. Ihre Besucher sollen ja nicht abspringen, wenn sie das Gewünschte nicht sofort finden.
- *Neue Beiträge* – Falls Sie Ihre Website als Blog betreiben, gehört dieses Widget einfach dazu. Es zeigt dem Besucher in der Standardeinstellung die zehn neuesten Beiträge an. Die Zahl der Beiträge können Sie selbst bestimmen.
- *Kategorien* – In der Vielfalt der Websites bieten die Kategorien nicht nur Ihren Besuchern, sondern auch den Suchmaschinen einen schnellen Überblick über die wichtigsten Themen Ihrer Site.

Das Meta-Widget

Das *Meta*-Widget ganz unten im Widgetbereich fällt ein bisschen aus dem Rahmen. Es ist standardmäßig eingebaut, um neuen Admins den Einstieg zu erleichtern. Neben diversen Links führt es nämlich zum Anmeldebildschirm des Backends. Wenn Sie es nicht mehr benötigen, sollten Sie es wieder entfernen. Es muss ja nicht unbedingt jeder Besucher (und Angreifer) auf die Backend-URL gelotst werden. Diese lautet: *www.tanzschule-mustermann.de/wp-admin/*.

Meta

Website-Administration

Abmelden

Beitrags-Feed (RSS)

Kommentare als RSS

WordPress.org

Bild 2.44: Das *Meta*-Widget. Gut zum Einlernen für neue WordPress-Admins – aber für Besucher weitgehend nutzlos und ein Sicherheitsrisiko.

Helfer in der Not: das Text-Widget

Ebenfalls aus der Reihe fällt das *Text*-Widget. Damit lässt sich auf schnelle Weise unterbringen, was als Beitrag oder als Seite nicht passt.

Beispiel: Die Tanzschule Mustermann benötigt für den Kartenvorverkauf einen Hinweis, der sich optisch abhebt.

Bild 2.45: Mit dem *Text*-Widget lassen sich kleine Texte platzieren und Links einfügen.

Hier bietet sich deshalb ein Widget an, weil es nicht nur auf einer einzelnen, sondern auf allen Seiten eingeblendet wird. Die Besucher werden sofort darauf stoßen, und auch in den Suchmaschinen hinterlassen die in Widgets hinterlegten Informationen ihre Spuren. Allerdings ist das Theme *Twenty Nineteen* für diese Strategie nur bedingt geeignet. Der Grund: Suchmaschinen gewichten Informationen stärker, die sich links oben auf einer Website befinden. *Twenty Nineteen* platziert die Widgetleiste aber im Footer oder auf manchen Endgeräten am rechten Rand.

Inaktive Widgets zwischenlagern

Wenn Sie in der Widgetverwaltung nach unten scrollen, finden Sie den nach der Installation noch leeren Bereich *Inaktive Widgets*. Hier können Sie Widgets platzieren, deren Einstellungen erhalten werden sollen.

Beispiel: Die Abschlussbälle der Tanzschule Mustermann finden jeweils im Frühjahr und im Herbst statt. Das passende *Text*-Widget wird immer zur Zeit des Kartenvorverkaufs platziert, ansonsten wird es bei den inaktiven Widgets zwischengelagert. Der Text bleibt erhalten.

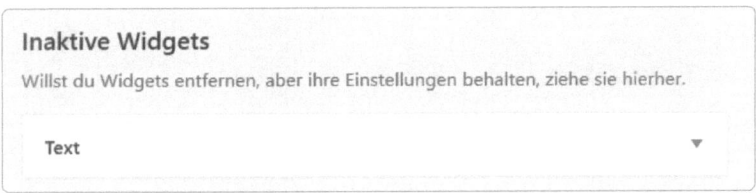

Bild 2.46: *Inaktive Widgets* sind das Zwischenlager für bearbeitete, aber nicht ständig eingesetzte Widgets.

Kategorien und Schlagwörter

Kategorien dienen dazu, thematisch ähnliche Beiträge zu sortieren. Abhängig vom Theme erscheinen sie am Anfang oder am Ende jedes Beitrags. Es können auch mehrere Kategorien zugewiesen werden. Ein neuer Salsakurs beginnt? Dazu passen hervorragend »Salsa« und »Tanzkurs«. Für die Suchergebnisseiten von Google irrelevant wären dagegen allgemeine Begriffe wie »Zweites Halbjahr« oder »Informationen«. Überlegen Sie sich, wonach die Leute googeln, und benennen Sie Ihre Kategorien entsprechend.

Neue Kategorien vergeben

Kategorien können Sie sofort beim Erstellen neuer Beiträge vergeben, das Eingabefeld finden Sie in der rechten Spalte im Register *Dokument*. Ratsam ist die spontane Vergabe aber nicht. Mit der Zeit verlieren Sie dabei den Überblick und verheddern sich zwangsläufig mit der Schlagwortvergabe, die in diesem Kapitel weiter unten behandelt wird.

Erledigen Sie die Erstellung von Kategorien lieber generalstabsmäßig. Im Dashboard finden Sie die Kategorieverwaltung unter *Beiträge/Kategorien*. Schon angelegt ist die für Suchmaschinen nichtssagende Kategorie *Allgemein*. Diese weist WordPress automatisch jedem Beitrag zu, den Sie nicht selbst mit einer aussagekräftigen Kategorie versehen haben.

Für die Tanzschule Mustermann wäre dieses Kategorienset vorstellbar: Tanzkurs, Tango, Salsa, Anfängerkurs, Fortgeschrittene, Workshop, Hochzeitskurs und Abschlussball. Unter *Titelform* können Sie außerdem für jede Kategorie einen abweichenden Permalink festlegen, also die URL der Kategorie manuell anpassen. Name und URL sollten aber nur in Ausnahmefälle unterschiedlich sein.

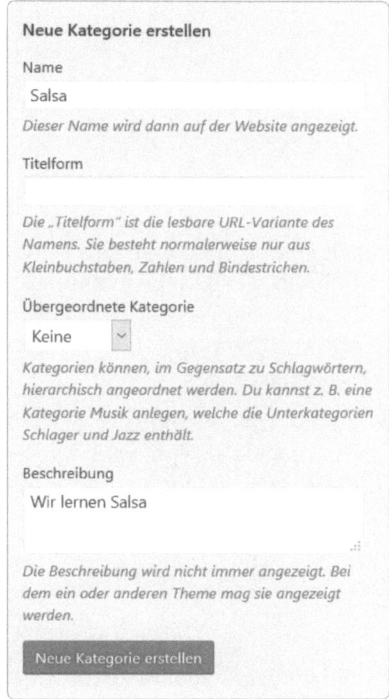

Bild 2.47: Die Kategorie *Salsa* wurde erstellt. Das Permalink-Feld bleibt leer, weil der Begriff identisch mit der URL bleiben soll. Auf eine hierarchische Anordnung (Haupt- und Unterkategorien) wurde verzichtet. Die *Beschreibung* unten erscheint in einigen Browsern beim Überfahren mit der Maus.

Schlagwörter vergeben

Etwas weniger streng können Sie die Vergabe der Schlagwörter angehen. Im Gegensatz zu den Kategorien ist keine hierarchische Anordnung vorgesehen. Es bleibt dem persönlichen Geschmack überlassen, ob Sie systematisch vorgehen oder spontan. Verwaltet werden die Schlagwörter über *Beiträge/Schlagwörter*.

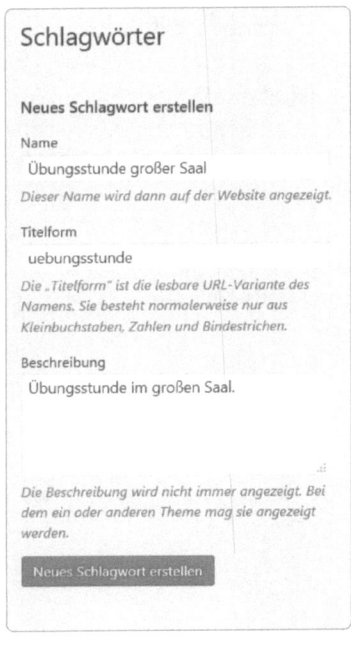

Bild 2.48: Für das Schlagwort *Übungsstunde großer Saal* wurde die Titelform *uebungsstunde* definiert.

Im Beispiel wurde das Schlagwort *Übungsstunde großer Saal* erstellt. Das *Titelform*-Feld bleibt diesmal nicht leer, denn dieser Begriff könnte als URL Probleme verursachen. Er ist nicht nur etwas lang und enthält einige für Google relativ belanglose Wörter, sondern auch einen Umlaut und ein ß. WordPress sollte ü und ß zwar automatisch umwandeln, aber Vorsicht ist die Mutter der Porzellankiste.

Am besten ist es, nur »Uebungsstunde« als Permalink einzutragen. Die URL enthält nun keine problematischen Buchstaben mehr und bietet eine höhere Relevanz für die Suchmaschinen. Ein Tanzwütiger wird eher nach »Übungsstunde« googeln als nach »Großer Saal«.

Schlagwörter in Twenty Nineteen

Falls Sie das Theme *Twenty Nineteen* verwenden: Schlagwörter können dort zwar wie in jedem anderen Theme eingegeben werden, sie werden aber nicht beim Beitrag angezeigt. Nutzen Sie das Widget *Schlagwörter-Wolke*, um Schlagwörter für die Besucher sichtbar darzustellen. Die Funktionsweise dieses Widgets:

- Häufig verwendete Schlagwörter werden durch die Schriftgröße besonders hervorgehoben.

- Das Anklicken eines Schlagworts führt zum jeweiligen Beitrag.

Suchmaschinengerechte Permalinks

Permalink ist ein typisches Wort aus der WordPress-Terminologie. Gemeint sind die URLs aller Beiträge und Seiten, aber auch der Kommentare, Medien, Kategorien und Schlagwörter. Vor dem Begriff braucht kein Admin ehrfürchtig in den Staub zu sinken – vor der Sache aber schon! Ohne eine vernünftige Permalink-Einstellung ist jede weitere Suchmaschinenoptimierung vergebliche Liebesmüh.

Google-freundliche URLs

Damit Ihre Website bei Google besser gefunden wird, müssen Sie Ihre URLs umstellen. Von Haus aus mischt WordPress das Datum eines Beitrags in die URL, beispielsweise *www.tanzschule-mustermann.de/2019/02/08/beispielbeitrag*. Schöner wäre natürlich *www.tanzschule-mustermann.de/beispielbeitrag/*.

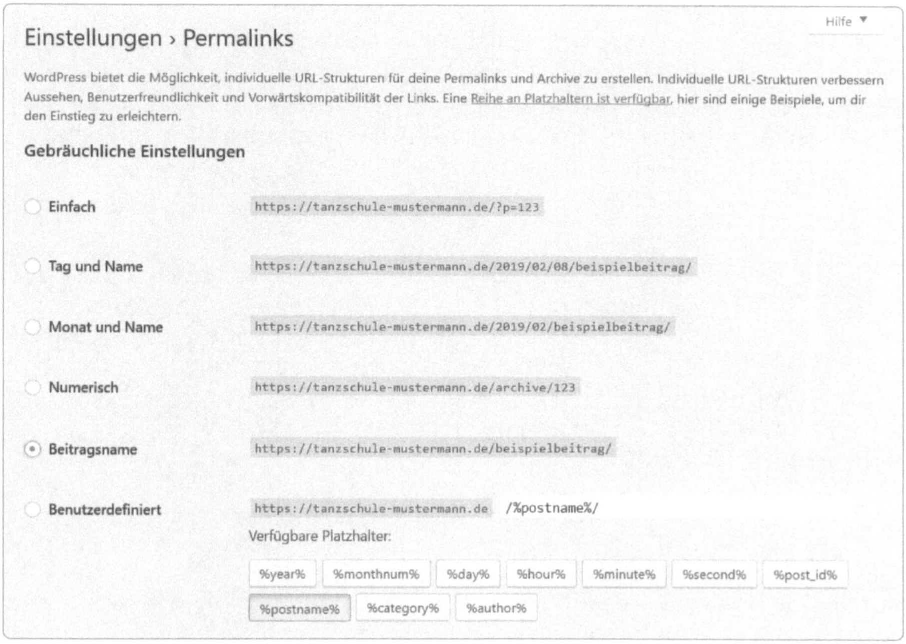

Bild 2.49: Mit der Umstellung auf die Option *Beitragsname* punktet die Website bei den Suchmaschinen.

Festgelegt werden die Permalinks im Backend unter *Einstellungen/Permalinks*. Schalten Sie dort von *Tag und Name* auf *Beitragsname* um. Langfristig ist das am besten, denn alle anderen Optionen enthalten zusätzliche Zahlen und Schrägstriche, die in den meisten Fällen für die Suchmaschinen wenig aussagekräftig sind. Auch die Option *Benutzerdefiniert* ist für die meisten Websites nicht empfehlenswert. Es besteht nämlich die Gefahr, mit einer komplexen Einstellung mehr Schaden als Nutzen anzurichten.

Mod Rewrite ist Voraussetzung

Falls Sie nach der Permalink-Umstellung auf weiße Seiten und die Fehlermeldung *Not Found* starren, brauchen Sie nicht in Panik zu geraten. So lösen Sie das Problem:

❶ Wählen Sie die Option *Einfach*, um die Website wieder zum Laufen zu bringen.

❷ Kontaktieren Sie Ihren Provider. Finden Sie heraus, ob im Webpaket die Servereinstellung *Mod Rewrite* enthalten und aktiviert ist. Möglicherweise müssen Sie dieses Feature erst selbst aktivieren oder zu einem anderen Hosting-Paket upgraden.

❸ Danach testen Sie die Umstellung der Permalinks erneut. Rufen Sie eine beliebige Seite oder einen Beitrag auf. Beschränken Sie sich nicht auf die Startseite, denn sie funktioniert mit allen Permalink-Optionen.

.htaccess erstellen und hochladen

Wenn Sie trotz aktivierten *Mod Rewrites* immer noch auf weiße Seiten stoßen, muss zusätzlich eine *.htaccess*-Datei in Ihr WordPress-Verzeichnis eingefügt werden. Wenn Ihr Provider keine entsprechende Option anbietet, erstellen Sie sie selbst. Öffnen Sie auf Ihrem PC einen einfachen Editor (kein umfangreiches Textverarbeitungsprogramm) und schreiben Sie ausschließlich diesen Text hinein:

```
001   # BEGIN WordPress
002   <IfModule mod_rewrite.c>
003   RewriteEngine On
004   RewriteBase /
005   RewriteRule ^index.php$ - [L]
006   RewriteCond %{REQUEST_FILENAME} !-f
007   RewriteCond %{REQUEST_FILENAME} !-d
008   RewriteRule . /index.php [L]
009   </IfModule>
010   # END WordPress
```

Speichern Sie die Datei unter dem Namen *.htaccess* ab. Wundern Sie sich nicht, sollte die Datei nach dem Speichern »verschwunden« sein. Standardmäßig werden in Dateimanagern (zum Beispiel dem Windows-Explorer) und FTP-Programmen (zum Beispiel FileZilla) alle Dateien mit einem Punkt am Anfang ausgeblendet. Über die Aktivierung des Häkchens *Auflistung versteckter Dateien erzwingen* taucht die *.htaccess* wieder auf. In FileZilla finden Sie den Befehl unter dem Menüpunkt *Server*.

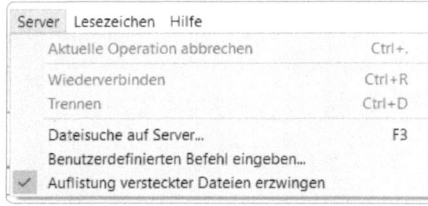

Bild 2.50: In FileZilla werden versteckte Dateien angezeigt, wenn das Häkchen vor *Auflistung versteckter Dateien erzwingen* gesetzt ist.

Prüfen Sie vor dem Upload, ob sich bereits eine *.htaccess*-Datei im Verzeichnis Ihrer WordPress-Installation auf dem Server befindet.

● Ist noch keine *.htaccess*-Datei vorhanden, laden Sie Ihre hoch.

● Ist bereits eine *.htaccess*-Datei vorhanden, sichern Sie sie und fügen den obigen Code ein.

Nun sollte es mit den Permalinks klappen.

Basisarbeit: Kategorien und Schlagwörter

Die Umstellung auf Google-freundliche Permalinks hat funktioniert? Dann können Sie noch eine Schippe drauflegen. Wenn Sie unter *Einstellungen/Permalinks* nach unten scrollen, haben Sie bei *Optional* die Möglichkeit, knackige Namen für die Basis (URL-Teil nach dem Domainnamen) der Kategorien und Schlagwörter zu vergeben. Auch diese werden nämlich in den Ergebnisseiten von Google und anderen Suchmaschinen als URL angezeigt.

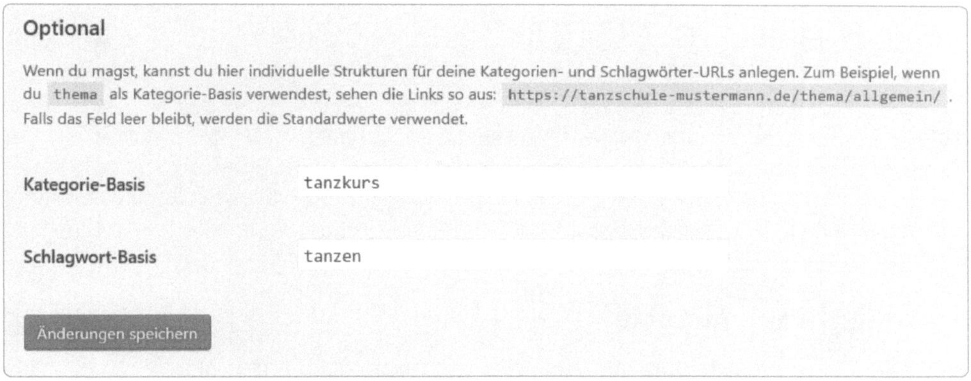

Optional

Wenn du magst, kannst du hier individuelle Strukturen für deine Kategorien- und Schlagwörter-URLs anlegen. Zum Beispiel, wenn du `thema` als Kategorie-Basis verwendest, sehen die Links so aus: `https://tanzschule-mustermann.de/thema/allgemein/`. Falls das Feld leer bleibt, werden die Standardwerte verwendet.

Kategorie-Basis   `tanzkurs`

Schlagwort-Basis   `tanzen`

[Änderungen speichern]

Bild 2.51: Einstellung einer Google-freundlichen Basis für Kategorien und Schlagwörter.

In der Standardeinstellung verwendet WordPress die Begriffe *category* und *tag*. Für die Tanzschule Mustermann ist beides völlig wertlos. Schicken Sie die Langweiler in die Wüste! Mit der Umstellung auf *tanzkurs* und *tanzen* lassen sich die Kategorien und Schlagwörter für die Suchmaschinenoptimierung perfekt einspannen. Beispiel für optimierte URLs nach dem Ändern der *Kategorie-Basis*:

● vor der Optimierung: *tanzschule-mustermann/category/tango*

● nach der Optimierung: *tanzschule-mustermann/tanzkurs/tango*

Beitrags-Permalinks ändern

Optimieren lassen sich nicht nur die URLs von Kategorien und Schlagwörtern. So erhalten Sie suchmaschinenfreundliche URLs für Beiträge und Seiten:

① Klicken Sie beim Erstellen auf den Titel Ihres Beitrags bzw. Ihrer Seite, bis darüber die *Permalink*-Zeile eingeblendet wird.

② Klicken Sie in der *Permalink*-Zeile rechts auf den Button *Bearbeiten*.

③ Als Standard ist die volle Länge des Titels eingegeben. Befreien Sie diesen Titel von wenig aussagekräftigen Wörtern.

Bild 2.52: Der Permalink des Beitrags wurde auf das für Suchmaschinen wesentliche Wort verkürzt: *salsakurs.*

Beispiel: Mit der Änderung von *tanzschule-mustermann.de/neuer-salsakurs-startet* zu *tanzschule-mustermann.de/salsakurs* wurde die URL von Ballast befreit und beinhaltet das, was potenzielle Kunden googeln: »Salsakurs«. Denkbar wäre auch eine Ergänzung mit Ortsangaben, beispielsweise zu *tanzschule-mustermann.de/salsakurs-frankfurt.*

Kommentare – ja, bitte!

Wenn Sie WordPress als Blog betreiben, ist der Austausch mit den Besuchern das Salz in der Suppe. Kommentare sind die Leserbriefe zu Ihren Beiträgen. Mit der Menge von Lob und Kritik steigt Ihr Ruf im Web. Idealerweise heimsen Sie natürlich mehr Lob als Kritik ein. Wichtig ist dafür der richtige Umgangston.

Mein Blog, meine Fans, meine Kommentare

Höfliche Webmaster beantworten die Kommentare ihrer Besucher schnell, kompetent und mit einer gewissen Nachsicht für scheinbar dumme Fragen. Nicht jeder Leser hat den gleichen Wissensstand, und eine Stammleserschaft lässt sich gut mit hilfreichen Antworten auf grundlegende Fragen aufbauen.

Amtlich verboten ist es für den Admin, einen Fragesteller mit »Schau halt bei Google nach« abzufertigen, besonders in der Aufbauphase eines Blogs. Seien Sie lieb zur Fanbase, und sie wird wachsen.

Die Kommentarfunktion einstellen

Einstellungen › Diskussion

Standardeinstellungen für Beiträge	☑ Versuchen, jedes in Beiträgen verlinkte Weblog zu benachrichtigen (verlangsamt das Veröffentlichen)
	☑ Link-Benachrichtigungen von anderen Blogs (Pingbacks und Trackbacks) zu neuen Beiträgen ermöglichen
	☑ Besuchern erlauben, neue Beiträge zu kommentieren
	(Diese Einstellungen können für jeden Beitrag individuell geändert werden.)
Weitere Kommentareinstellungen	☑ Benutzer müssen zum Kommentieren Name und E-Mail-Adresse angeben
	☐ Benutzer müssen zum Kommentieren registriert und angemeldet sein
	☐ Kommentare zu Beiträgen, die älter als 14 Tage sind, automatisch schließen
	☐ Opt-in-Checkbox für Kommentar-Cookies anzeigen
	☑ Verschachtelte Kommentare in 5 Ebenen organisieren
	☐ Kommentare in Seiten umbrechen, mit 50 Top-Level-Kommentaren pro Seite und die letzte -Seite standardmäßig anzeigen.
	Die ältesten Kommentare sollen oben stehen
Mir eine E-Mail senden, wenn	☑ jemand einen Kommentar schreibt.
	☑ ein Kommentar auf Freischaltung wartet.
Bevor ein Kommentar erscheint,	☐ muss der Kommentar manuell freigegeben werden.
	☑ muss der Autor bereits einen freigegebenen Kommentar geschrieben haben.

Bild 2.53: In der Standardeinstellung erscheinen weitere Kommentare eines Autors automatisch, nachdem er einen manuell freigegebenen Kommentar hinterlassen hat.

Unter *Einstellungen/Diskussion* gelangen Sie zu den Grundeinstellungen für Kommentare. In einem frisch installierten WordPress ist die Kommentarfunktion für jede Seite und jeden Beitrag aktiviert. Um einen Kommentar zu hinterlassen, muss der Besucher auch einen Namen und eine E-Mail-Adresse eingeben. Einen Kompromiss zwischen Sicherheit und Userfreundlichkeit finden Sie unten beim letzten Haken.

Aktiviert ist die Einstellung, dass ein Autor bereits einen genehmigten Kommentar geschrieben haben muss, damit er direkt veröffentlichen kann. In der Aufbauphase eines Blogs können Sie ein bisschen mit dieser Einstellung experimentieren und den Haken probeweise deaktivieren. Voraussetzungen sind allerdings ein Antispam-Plug-in und mehrmals täglich eine Kontrolle der Kommentartexte und der darin gesetzten Links.

Kommentare bearbeiten und löschen

Manchmal kommt es vor, dass Besucher Dinge hinterlassen, die Sie so nicht haben möchten, zum Beispiel eine persönliche Telefonnummer. In diesem Fall sollten Sie den Kommentar bearbeiten, dabei aber mit einer gewissen Sensibilität vorgehen. Immerhin greifen Sie in einen fremden Text ein. Üblich ist es, im editierten Text eine Nachricht zu hinterlassen: »Telefonnummer aus Datenschutzgründen entfernt« wäre im genannten Fall angemessen.

Spam, also unerwünschte Werbung und Links zu dubiosen Angeboten, sollten Sie aus fünf Gründen sofort löschen:

- Spam wächst schnell nach.
- Spam vertreibt die seriöse Leserschaft.
- Spam-verseuchte Websites werden von den Suchmaschinen abgestraft.
- Spam stellt ein Sicherheitsrisiko dar. Aus diesem Grund sollten Sie niemals auf Spam antworten.
- Wenn Ihre Besucher über einen Spam-Link auf eine Malwareseite gelockt werden, geraten auch Sie persönlich in Misskredit.

Im Dashboard gelangen Sie links über den Menüpunkt *Kommentare* zu einer dreispaltigen Kommentarübersicht. Links ist der Autor angegeben, in der Mitte der Kommentartext und rechts der betreffende Beitrag bzw. die betreffende Seite. In der Übersicht können Sie mehrere Kommentare gleichzeitig freigeben sowie zurückweisen, in den Papierkorb legen oder als Spam markieren.

Kommentare beantworten

Wenn Sie im Backend auf den *Antwort*-Button klicken, wird Ihr Text später eingerückt dargestellt. So sieht der Fragesteller, dass Sie sich genau auf seinen Kommentar beziehen.

Sie möchten stattdessen lieber eine Mitteilung an die Allgemeinheit loswerden? Dann gehen Sie ins Frontend, um einen Kommentar hinzuzufügen. Er wird dann ohne Einrückung präsentiert.

ACHTUNG, TROLLE! NICHT FÜTTERN!

Jeder Admin kennt sie: Menschen, die nur deshalb Kommentare abgeben, um andere zu nerven. Sie blockieren jede ernsthafte Diskussion und verbreiten irgendwann beleidigende und rechtswidrige Inhalte. Hier gilt die berühmte Regel: Nicht füttern! Wenn Sie sich auf das Spiel einlassen, fühlen sich die Trolle bestätigt und gewinnen an Stärke!

Irgendwann werden Sie dann zum Pistolenduell im Morgengrauen aufgefordert. Besser ist es, einen Troll schon im Frühstadium davon zu überzeugen, dass Sie seiner nicht ebenbürtig sind. Verweisen Sie ihn möglichst unauffällig auf ein geeignetes Forum für Präastronautik, Nostradamusforschung und Hohlwelttheorie. Dort findet er geeignete Nahrung und Kameradschaft.

Diskussionen schließen

Es ist zwar erfreulich, wenn Ihre Besucher viele Kommentare zu einem Thema hinterlassen, aber schnell können solche Diskussionen auch ausarten. Wenn es persönlich beleidigend oder rechtlich bedenklich wird, hilft nur noch die Beendigung der Debatte.

Sie können die Kommentarfunktion einzeln für jeden Beitrag und jede Seite deaktivieren. Von vornherein sollten Sie das für bestimmte Seiten wie die Impressums- und die Datenschutzseite erledigen.

So schließen Sie Diskussionen:

1. Rufen Sie den betreffenden Beitrag bzw. die betreffende Seite im Backend auf.

2. Klicken Sie rechts im Register *Dokument* auf das Drop-down-Häkchen bei *Diskussion*.

3. Entfernen Sie den Haken in der Checkbox bei *Kommentare erlauben*.

4. Klicken Sie oben auf den Button *Aktualisieren*.

Bestehende Kommentare bleiben allerdings erhalten. Sie müssen sie manuell entfernen.

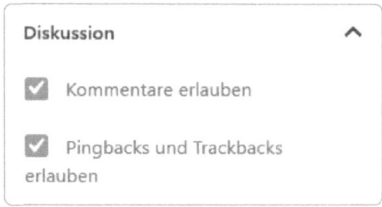

Bild 2.54: Über Checkboxen können Kommentare und Pingbacks/Trackbacks (angezeigte Verlinkungen auf Ihre Webseite) aktiviert oder deaktiviert werden.

Darstellung von Avataren

Unter *Einstellungen/Diskussion* finden Sie beim Herunterscrollen verschiedene Optionen für die Darstellung von Avataren, den kleinen mehr oder weniger persönlichen Bildchen neben den Kommentaren. Voreingestellt ist die *Geheimnisvolle Person*, es handelt sich dabei um den im Internet weitverbreiteten »Typ vor der grauen Wand«. Die Beibehaltung der Standardeinstellung empfiehlt sich für Webseiten, die auf eine hohe Seriosität Wert legen.

Für die Tanzschule Mustermann kann man aber schon etwas lockerer an die Sache herangehen und eines der unten angezeigten Avatar-Sets wählen. *MonsterID* ist wohl eher für Gamer geeignet, aber das *Retro*-Set hat eine Chance verdient. Weil die Sets verschiedene Kommentare eines Nutzers mit dem gleichen Avatar bestücken, werden die Diskussionen übersichtlicher. Der Flirtfaktor und damit auch die Verweildauer auf der Seite steigt, wenn Autoren und Kommentare schnell zugeordnet werden können. Das gefällt auch den Suchmaschinen.

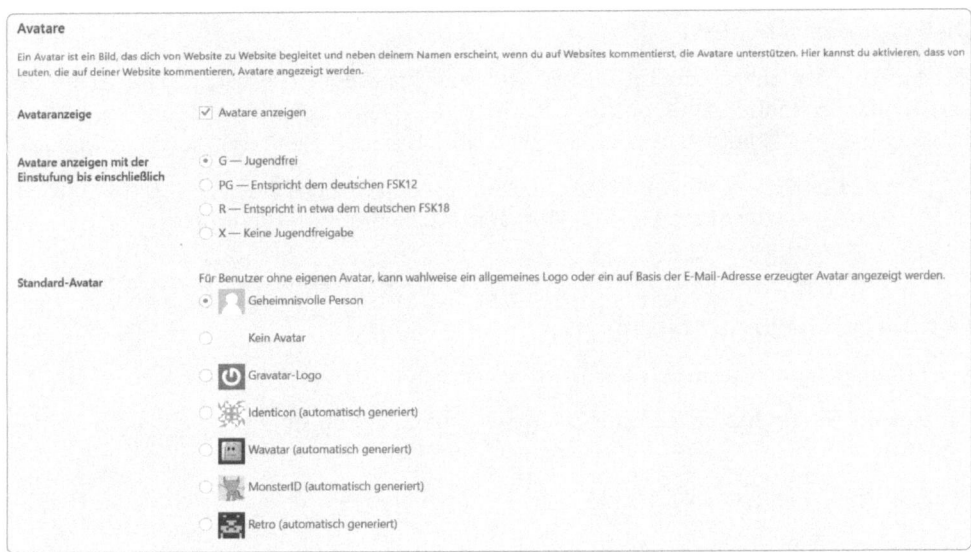

Bild 2.55: Die Avatar-Verwaltung von WordPress. Voreingestellt ist die *Geheimnisvolle Person*.

Aus der Reihe tanzt die Option *Gravatar-Logo*. Gravatar ist ein von der WordPress-Firma Automattic betriebener Internetdienst, bei dem der Nutzer ein persönliches Bild hinterlegt, das er auf verschiedenen Blogs und Foren verwenden kann. Das Problem ist allerdings, dass Sie als Seitenbetreiber keinen Einfluss auf die Bildgestaltung haben. Rechnen Sie also bei dieser Option mit Überraschungen. Es muss nicht immer jugendfrei sein, was bei *Gravatar-Logo* hochgeladen wurde.

Die Verwendung von Gravatar, aber auch von den anderen Avatar-Sets, erfordert einen Hinweis in Ihrer Datenschutzerklärung.

Wenn Sie generell auf alle Avatare verzichten möchten, wählen Sie die Option *Kein Avatar*.

Funktionen mit Plug-ins erweitern

Die Website soll mit einer edlen Fotogalerie oder einem praktischen Kontaktformular ausgerüstet werden? Das geht mit WordPress-Erweiterungen, den Plug-ins, in Word-Press *Plugins* genannt. Das offizielle Verzeichnis auf *WordPress.org* listet knapp 55.000 verschiedene auf. Alle dort verzeichneten Plug-ins können direkt über das Backend installiert werden.

Die meisten Plug-ins sind kostenlos. Einige Hersteller bieten aber zwei Versionen an, eine freie Basisversion und eine kostenpflichtige mit Premium-Features. Sie können also zunächst das Plug-in auf Herz und Nieren prüfen und später upgraden.

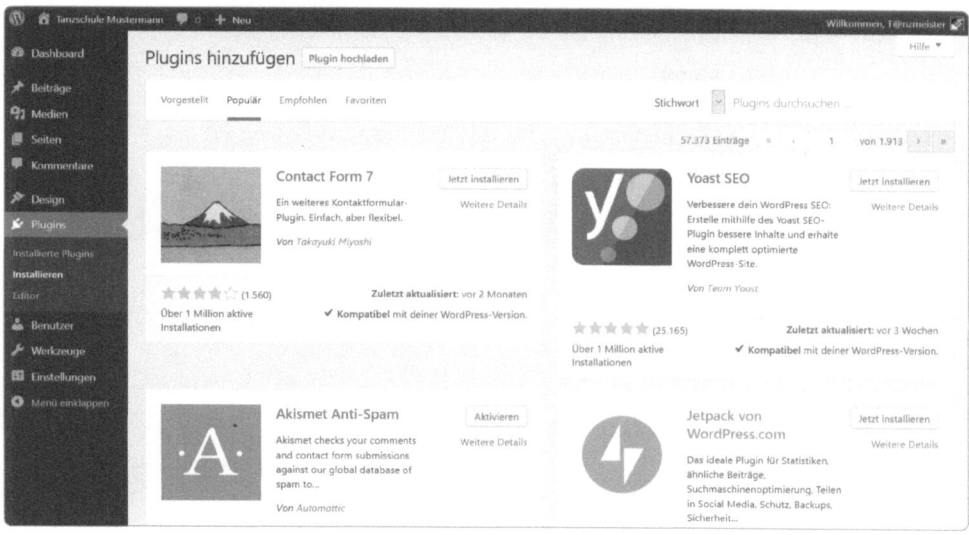

Bild 2.56: Die Plug-in-Verwaltung im Backend.

Gute Plug-ins finden

Das offizielle Plug-in-Verzeichnis befindet sich auf *https://de.wordpress.org/plugins*. Wie so oft bei WordPress wurden auch hier Nägel mit Köpfen gemacht. Zu jedem Plug-in liefert eine Infobox die wichtigsten Gründe für und gegen eine Installation. Bewertet werden die Plug-ins von der WordPress-Community mit einem bis fünf Sternen. Darunter stehen Infos zur Kompatibilität, dem letzten Update und der Anzahl der weltweiten Installationen.

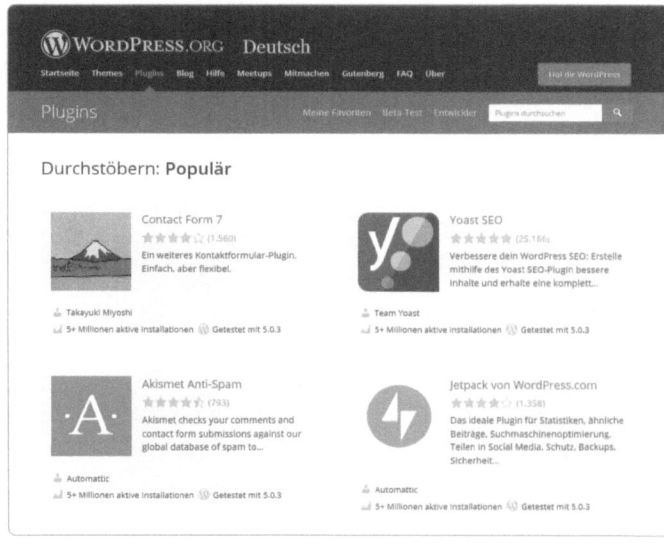

Bild 2.57: Das Verzeichnis *https://de.wordpress.org/ plugins/* kann auch direkt und unabhängig vom Backend durchstöbert werden.

Neue Plug-ins installieren

Wie die Themes werden auch die Plug-ins im Normalfall über das Backend installiert. Sie müssen also WordPress nicht verlassen. Über *Plugins/Installieren* erhalten Sie direkten Zugang zum offiziellen Plug-in-Directory. Mit einem Klick auf den Installationsbutton des gewünschten Plug-ins holt sich WordPress, was es braucht.

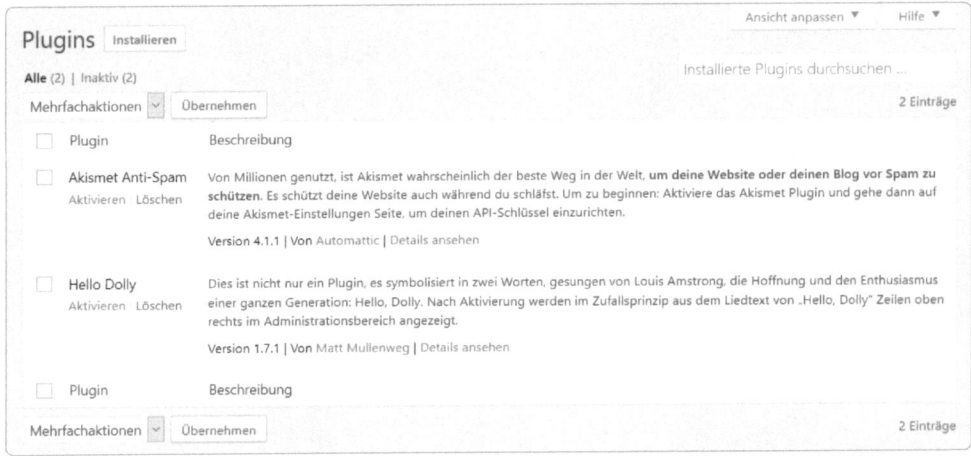

Bild 2.58: Zwei Plug-ins sind in WordPress schon vorinstalliert, aber nicht aktiviert: *Akismet Anti-Spam* und das Spaß-Plug-in *Hello Dolly*.

Alternative Installation

Die Installationsmöglichkeiten für heruntergeladene Plug-ins, die nicht von *wordpress. org* stammen, entsprechen denen der externen Themes.

- Als Archiv hochladen. Liegt das Plug-in als ZIP-Archiv vor, entpacken Sie es nicht. Über *Plugins/Installieren/Plugin hochladen* spielt WordPress es aus der verpackten Datei ein.

- Manuelle Installation.

- Liegt das Plug-in nicht als ZIP-Archiv vor, laden Sie es über den FTP-Client manuell in das Verzeichnis für Plug-ins: */wp-content/plugins*.

Plug-ins aktivieren und konfigurieren

Plug-ins sind Schläfer. Nach der Installation warten sie auf die Aktivierung, vorher passiert gar nichts. Das gilt auch für die beiden vorinstallierten *Akismet* und *Hello Dolly*. Ersteres ist ein Antispam-Plug-in, zu dem es mit *Antispam Bee* eine sehr gute Alternative gibt, das zweite ist ein reines Spaßtool. Sie mögen Jazz? Dann erwecken Sie *Hello Dolly* zum Leben!

In der Übersicht der installierten Plug-ins stehen Ihnen die beiden Schaltflächen *Aktivieren* und *Löschen* zur Verfügung. Wählen Sie *Aktivieren* aus, um ein Plug-in zu konfigurieren und zu nutzen.

Nach der Aktivierung

Nach der Aktivierung müssen Sie ein Plug-in manchmal ein bisschen suchen. Die Menüs zur Konfiguration von Plug-ins nisten sich nämlich an unterschiedlichen Stellen im Dashboard ein, teilweise in der oberen Menüleiste, teilweise in der linken.

Plug-ins aktualisieren

Nicht nur WordPress selbst, auch die Themes und Plug-ins werden von den Entwicklern immer wieder auf den neuesten Stand gebracht. Aus dem Backend heraus lässt sich bequem mit einem Klick alles updaten, was aus dem Verzeichnis von *WordPress. org* stammt. Die nicht zu übersehenden Aktualisierungsmeldungen werden auch für nicht aktivierte Plug-ins angezeigt. Besondere Spielregeln gelten aber für Plug-ins außerhalb von *WordPress.org*.

Diese müssen teilweise manuell aktualisiert werden, beispielsweise per FTP. Informationen über die Aktualisierungsmethode erhalten Sie auf der jeweiligen Herstellerseite.

Plug-ins deaktivieren und löschen

Temporär nicht benötigte Plug-ins sollten Sie deaktivieren. Wenn Sie sich endgültig von einem Plug-in verabschieden möchten, deaktivieren Sie es ebenfalls und löschen es in einem zweiten Schritt. Mit dem Entfernen von Karteileichen sparen Sie sich deren ständiges Aktualisieren.

PLUG-IN-SUCHT ERKENNEN UND BEHANDELN

Der WordPress-Webmaster ist ständig in Gefahr, ein kritisches Plug-in-Sucht-Stadium zu erreichen. 10 Plug-ins gehen völlig in Ordnung. Für 20 Plug-ins auf einer Website kann es gute Gründe geben. Ab 30 Plug-ins sollten Sie aber einen auf WordPress spezialisierten Therapeuten aufsuchen. Gegen zu viele Plug-ins sprechen gewichtige Argumente: Das System wird mit jedem Plug-in langsamer, technisch instabiler und offener für Angriffe von Schadcode.

Plug-ins für bestimmte Aufgaben

Für jedes Einsatzgebiet von WordPress gibt es bewährte und weitverbreitete Plug-ins. Wer auf diese Standards setzt, findet schnelle Problemlösungen in den Foren von Herstellern und Anwendern – und man kann davon ausgehen, dass das Plug-in nicht von heute auf morgen eingestellt wird.

Ein Webshop mit WooCommerce

Sie möchten einen Webshop einrichten? Auch das ist mit WordPress möglich. Führend ist das kostenlose Plug-in *WooCommerce*. Auf technischer Seite ist ein Shop damit schnell erstellt. Anders sieht es in rechtlicher Hinsicht aus, denn kompliziert sind die deutschen Gesetze.

Bild 2.59: Das kostenlose Plug-in *WooCommerce* erweitert WordPress zu einem Shop.

Um einen rechtssicheren Shop zu betreiben, können Sie auf eine dieser Erweiterungen zurückgreifen:

- *WooCommerce German Market* (kostenpflichtig).

- *WooCommerce Germanized* (in einer kostenlosen und einer Premium-Version erhältlich).

Eine Alternative zu *WooCommerce* bietet *wpShopGermany*. Dieses Plug-in wurde, wie der Name verrät, speziell für den deutschen Markt und die deutsche Rechtslage konzipiert. Der Hersteller bietet verschiedene Lizenzmodelle an.

Die gute Nachricht: Alle WordPress-Shopsysteme liegen preislich ganz erheblich unter den Gebühren, die Sie für vorgefertigte Mietshops anderer Anbieter bezahlen müssen.

THEME-AUSWAHL: AUF SHOPTAUGLICHKEIT ACHTEN

Nicht alle Themes sind für den Einsatz eines Shop-Plug-ins gleich gut oder überhaupt geeignet. Das sollten Sie bei der Theme-Wahl im Hinterkopf haben. Am besten geben Sie bei der Themes-Suche »Shop« oder »WooCommerce« in den Suchfilter ein. Mit dieser Methode lässt sich auch ein bereits aktiviertes Theme auf seine Tauglichkeit für einen Shop testen – vor der Installation des Plug-ins.

Eine Galerie mit Envira Gallery

Ein Bild sagt mehr als tausend Worte – aber nur, wenn es gut in Szene gesetzt wird. Für ein paar Schnappschüsse reicht die in WordPress eingebaute Galeriefunktion aus, aber nicht für die vielen edlen Bilder vom Ball der Tanzschule Mustermann. Damit die Tanzpaare auch im Internet zur Geltung kommen, muss ein Plug-in ans Werk.

Bei Fotofreunden sehr beliebt sind *NextGen Gallery* und das etwas userfreundlichere *Envira Gallery*. Mit beiden Plug-ins lassen sich kleine Thumbnails (Vorschaubilder) erstellen und platzsparend auf Beiträgen und Seiten unterbringen. Nach einem Klick auf das Thumbnail betrachtet der Besucher das Bild dann in einer optisch ansprechenden Lightbox. Von dort aus kann er sich durch alle Bilder klicken.

Außerdem lassen sich die Ballbilder als automatisierte Slideshow wiedergeben. Das Zeitintervall zwischen den Bildern kann in den Optionen der Plug-ins konfiguriert werden.

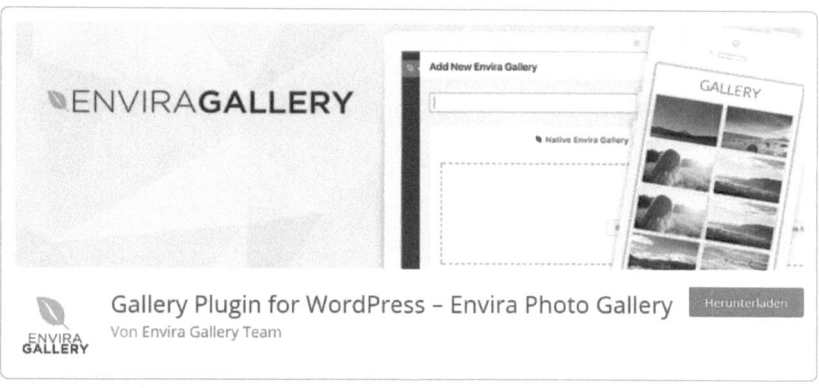

Bild 2.60: Das Plug-in *Envira Gallery* setzt Bilder in Szene. Erhältlich ist es in einer kostenlosen und in einer Premium-Version.

Ein Kontaktformular mit Contact Form 7

Nicht mehr zeitgemäß sind Verweise auf eine E-Mail-Adresse. Kundenfreundliche Websites bieten stattdessen die Möglichkeit, über ein Kontaktformular Nachrichten an den Website-Betreiber zu versenden. Eingebaut wird das Formular über ein Plug-in wie beispielsweise *Contact Form 7*.

Das Prinzip: Was der Besucher im Formularfeld eingegeben hat, landet als E-Mail beim Administrator der Seite oder einer anderen vom Ihnen angegebenen Adresse.

Rechtlich zwingend erforderlich ist eine SSL-Verschlüsselung Ihrer Website. Unverschlüsselte Kontaktformulare sind leichte Beute für Abmahner.

Bild 2.61: *Contact Form 7* bietet umfangreiche Möglichkeiten zur Erstellung eines Kontaktformulars.

Webmasters kleine Helferlein

Die folgenden Plug-ins werden von den Besuchern gar nicht bemerkt, sie erleichtern aber das Leben des Webmasters, indem sie ihn von notwendigen wie nervigen Routineaufgaben befreien.

Antispam Bee

Die Welt ist voller Verrückter. Einige davon befinden sich in Amt und Würden, andere im Spam-Business. Spam wird leider von der Kommentarfunktion in WordPress geradezu magisch angezogen. Schnell tummeln sich auf einer nicht abgesicherten Website diverse Links zu windigen Verdienstmöglichkeiten, gefälschten Markenartikeln und dubiosen Potenzmitteln.

Bild 2.62: Die Entwickler von *Antispam Bee* legen großen Wert auf den Datenschutz.

WordPress hat zwar mit dem vorinstallierten (aber nicht aktivierten) Plug-in *Akismet* ein Hausmittel an Bord, allerdings sind mit der Nutzung drei Nachteile verbunden:

- Sie müssen sich für die Aktivierung registrieren und einen API-Code abrufen und einfügen.

- *Akismet* ist für kommerzielle Websites kostenpflichtig.

- *Akismet* ist aus datenschutzrechtlichen Gründen problematisch. Die Kommentar-texte verschickt das Plug-in nämlich zur Analyse an fremde Server.

Schneller und rechtskonform kommen Sie mit *Antispam Bee* ans Ziel. Das kleine Plug-in leistet zuverlässig Abwehr gegen Kommentar-Spam jeder Art. Dabei ist es einfach zu bedienen und schon in der Grundkonfiguration sehr treffgenau eingestellt. Nur in Ausnahmefällen müssen Sie als Admin noch nachjustieren. Im Gegensatz zu *Akismet* ist *Antispam Bee* auch für kommerzielle Websites kostenlos.

Broken Link Checker

Wer über längere Zeit ein Blog betreibt, kennt das Problem: Immer wieder führen vor allem von älteren Beiträgen ausgehende Links auf Fehlerseiten. Das passiert zum Bei-spiel, wenn sich die URLs der verlinkten Seiten nach einer CMS-Umstellung geändert haben. Ärgerlich sind solche Irrwege nicht nur für die Besucher, sondern auch für Google. Eine Website mit vielen toten Links wird von den Suchmaschinen abgestraft.

Bild 2.63: Der *Broken Link Checker* überprüft alle internen und externen Links der Site. Auf Wunsch wer-den Admins per E-Mail über fehlerhafte Links informiert.

Abhilfe schafft der *Broken Link Checker*. In einem definierten Turnus, vorgegeben sind 72 Stunden, überprüft das Plug-in sämtliche Links – innerhalb der Site und nach au-ßen. Fehlerhafte URLs werden zuverlässig angezeigt. Sie können sie komfortabel und schnell löschen, sogar ohne den Beitrag oder die Seite selbst aufrufen zu müssen.

Allerdings hinterlässt der *Broken Link Checker* ein etwas ungutes Gefühl, denn er wurde (Stand März 2019) seit über zwei Jahren nicht mehr aktualisiert. Es empfiehlt sich daher folgendes Vorgehen:

① *Broken Link Checker* installieren.

② *Broken Link Checker* alle 14 Tage für den Check aktivieren, danach wieder deaktivieren.

Als Alternative können Sie ein externes Tool nutzen, nämlich den Screamingfrog: *https://www.screamingfrog.co.uk/broken-link-checker/*.

BackWPup

Backups sind wichtig. Leider merkt man das als Admin oft erst im Katastrophenfall, sprich, wenn das System nach einem Update nicht mehr richtig funktioniert oder der Webspace durch Schadcode korrumpiert wurde. Gut, wenn man vorgesorgt hat. Aber das manuelle Sichern erfordert eine gewisse Disziplin, die nicht jedem Admin in die Wiege gelegt wurde.

Zur automatischen Sicherung gibt es eine Reihe von Plug-ins, empfehlenswert ist *BackWPup.* Mit diesem Plug-in – die kostenlose Version genügt – können Sie die beiden Teile einer Installation regelmäßig sichern: die Datenbank und die Dateien. Der Speicherort ist konfigurierbar. Sie können sich die Sicherungen sogar per E-Mail zusenden lassen.

Bild 2.64: Die kostenlose Version von *BackWPup* genügt, um WordPress automatisch zu sichern.

Datenschutz und Datenschutzerklärung

Für Admins ist die Gestaltung der Datenschutzerklärung eine eher lästige Angelegenheit. Sie kommen allerdings nicht darum herum, wenn Sie ruhig schlafen möchten. Der Verzicht auf eine Datenschutzerklärung ruft nämlich Abmahner auf den Plan. So schützen Sie sich vor juristischen Scherereien.

- Konfigurieren Sie WordPress datenschutzgerecht.

- Erstellen Sie eine Datenschutzerklärung.

- Platzieren Sie einen Link zu Ihrer Datenschutzerklärung.

- Erstellen Sie, falls nötig, einen Cookie-Hinweis.

DSGVO UND EPV

Die DSGVO (*Datenschutzgrundverordnung*), zukünftig erweitert durch ePV (*ePrivacy-Verordnung*), verpflichtet Website-Betreiber, personenbezogene Daten nur nach bestimmten Regeln zu erheben, zu verarbeiten und an Dritte (zum Beispiel Google oder Facebook) weiterzugeben. Die Website-Besucher müssen informiert werden und insbesondere vor einer Weitergabe an Dritte ihre Einwilligung geben.

WordPress datenschutzgerecht konfigurieren

Schaffen Sie sich keine überflüssige Arbeit. Beginnen Sie nicht sofort mit der Datenschutzerklärung, sondern räumen Sie erst mal innerhalb der WordPress-Website auf. Das Grundprinzip: Was datenschutzrechtlich Probleme macht, fliegt raus.

- **Datenschutzrechtlich problematische Plug-ins** – Problematisch sind Plug-ins, die Informationen an Dritte weitergeben. Das Erkennungsmerkmal: Für die Aktivierung müssen API-Schlüssel (Zahlencodes) abgerufen und eingegeben werden. Betroffen sind hiervon beispielsweise *Jetpack* (Universal-Plug-in) und *Akismet* (Antispam-Plug-in). Die Lösung: Verzichten Sie auf *Jetpack* und verwenden Sie *Antispam Bee* anstatt von *Akismet*.

- **Tracking-Tools** – Sie sind nützlich, weil sie dem Admin Informationen über das Userverhalten geben. Aus datenschutzrechtlicher Sicht sind die meisten Tracking-Tools allerdings problematisch. Insbesondere gilt das für Google Analytics, weil alle erhobenen Userdaten auf Google-Servern landen. Verwenden Sie lieber das schlanke WordPress-Plug-in *Statify*. Damit verbleiben die Daten innerhalb Ihrer WordPress-Installation.

- **Share-Buttons** – Share-Buttons dienen den Social-Media-Netzwerken dazu, Benutzerinformationen zu sammeln und an die Werbewirtschaft zu verkaufen. Verzichten Sie auf den Einsatz von Share-Buttons und verlinken Sie nur über Menüpunkte zu Ihren Social-Media-Präsenzen.

- **Google Fonts** – Einige WordPress-Themes bieten die Nutzung von besonderen Schriftarten an, nämlich den Google Fonts. Der Haken: Bei der Verwendung dieser Schriften wird eine Verbindung zwischen Ihrer Website und den Google-Servern hergestellt. Welche Daten Ihrer Besucher dabei genau übertragen werden, gibt Google nicht bekannt. Diese Vorgehensweise verstößt gegen die Datenschutzbestimmungen. Verzichten Sie deshalb auf den Einsatz von Google Fonts.

- **Gravatar** – Unter *Diskussion/Standardavatar* können Sie die Avatar-Optionen festlegen. Bei der Nutzung von *Gravatar* werden Nutzerdaten an die Firma Automattic übertragen. Datenschutzrechtlich unbedenklich ist die Option *Kein Avatar*.

Was außerdem zum Datenschutzkonzept gehört, ist die Verschlüsselung Ihrer Website mit einem SSL-Zertifikat. Pflicht ist diese Verschlüsselung, sobald Sie ein Kontaktformular einsetzen. Die Verschlüsselungspflicht gilt auch für alle anderen Eingabefelder, beispielsweise für das Abonnement eines Newsletters. Und natürlich ist es absolut tabu, einen Webshop ohne Verschlüsselung zu betreiben.

Eine Datenschutzerklärung erstellen

Bei der Erstellung der Datenschutzerklärung greift Ihnen WordPress unter die Arme. Eine Vorlage ist nämlich schon vorhanden. Klicken Sie im Dashboard auf *Seiten*, um die Seitenverwaltung zu öffnen. In einem frisch installierten WordPress finden Sie unter der Beispielseite diesen Eintrag: *Datenschutzerklärung – Entwurf, Seite für Datenschutzerklärung.*

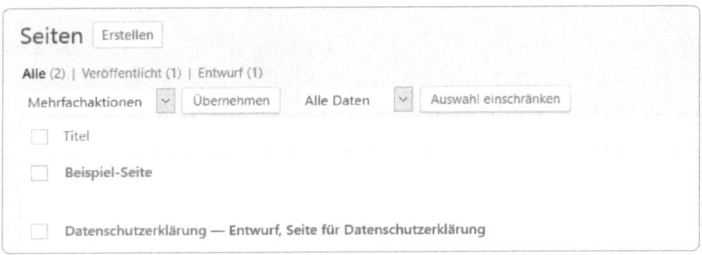

Bild 2.65: Einen Entwurf der Seite für die Datenschutzerklärung liefert WordPress bei der Installation bereits mit.

Dahinter verbirgt sich immerhin ein Grundgerüst:

Bild 2.66: Die von WordPress mitgelieferte Datenschutzerklärung muss vor der Veröffentlichung modifiziert werden.

Die Formulierungen müssen Sie noch anpassen. Hilfe leisten Ihnen die Textbausteine aus dem Leitfaden zur Datenschutzerklärung. Leider hat WordPress den Leitfaden gut versteckt. Sie finden ihn, indem Sie Folgendes an Ihre Domain anhängen: */wp-admin/ tools.php?wp-privacy-policy-guide=1*, beispielsweise:

https://tanzschule-mustermann.de/wp-admin/tools.php?wp-privacy-policy-guide=1

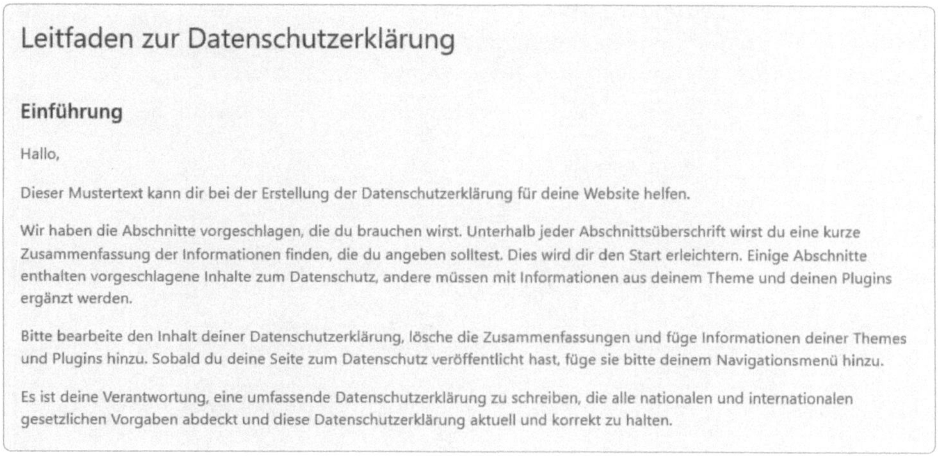

Leitfaden zur Datenschutzerklärung

Einführung

Hallo,

Dieser Mustertext kann dir bei der Erstellung der Datenschutzerklärung für deine Website helfen.

Wir haben die Abschnitte vorgeschlagen, die du brauchen wirst. Unterhalb jeder Abschnittsüberschrift wirst du eine kurze Zusammenfassung der Informationen finden, die du angeben solltest. Dies wird dir den Start erleichtern. Einige Abschnitte enthalten vorgeschlagene Inhalte zum Datenschutz, andere müssen mit Informationen aus deinem Theme und deinen Plugins ergänzt werden.

Bitte bearbeite den Inhalt deiner Datenschutzerklärung, lösche die Zusammenfassungen und füge Informationen deiner Themes und Plugins hinzu. Sobald du deine Seite zum Datenschutz veröffentlicht hast, füge sie bitte deinem Navigationsmenü hinzu.

Es ist deine Verantwortung, eine umfassende Datenschutzerklärung zu schreiben, die alle nationalen und internationalen gesetzlichen Vorgaben abdeckt und diese Datenschutzerklärung aktuell und korrekt zu halten.

Bild 2.67: Der Leitfaden enthält Textbausteine für die einzelnen Abschnitte der Datenschutzerklärung.

Als Alternative zur Bearbeitung der WordPress-Vorlage stehen Ihnen im Internet verschiedene Datenschutzgeneratoren zur Verfügung. Eine kleine Auswahl:

- *https://www.ratgeberrecht.eu/leistungen/muster-datenschutzerklaerung.html* (kostenlos).

- *https://datenschutz-generator.de/* (kostenlos für Privatpersonen und Kleinunternehmer).

- *https://www.e-recht24.de/muster-datenschutzerklaerung.html* (nur für Premium-Mitglieder).

Beachten Sie beim Einsatz dieser oder anderer Generatoren die jeweiligen Nutzungsbedingungen. Es besteht eine Backlink-Pflicht, und Sie dürfen die Textbausteine nicht oder nur nach bestimmten Vorgaben ändern.

Link zur Datenschutzerklärung

Die Seite steht? Dann klicken Sie rechts oben auf *Veröffentlichen*. Anschließend müssen Sie die Datenschutzerklärung noch so verlinken, dass sie (ebenso wie das Impressum) von allen einzelnen Beiträgen und Seiten erreichbar ist. Nutzen Sie dazu einen Eintrag im Menü.

Cookie-Banner einsetzen

Ein Cookie-Banner informiert die Besucher beim Betreten einer Website über die Erhebung von persönlichen Daten. Pflicht ist ein Cookie-Hinweis beispielsweise beim Einsatz des Tracking-Tools Google Analytics oder des Anzeigenprogramms Google AdWords. Bei vielen anderen Anwendungen herrscht eine juristische Grauzone.

Falls Sie aus Sicherheitsgründen ein Cookie-Banner einsetzen möchten, stehen Ihnen diverse Plug-ins zur Verfügung. Empfehlenswert ist *Cookie Notice*. Sie finden es im *Plugin-Directory* von WordPress unter *https://de.wordpress.org/plugins/cookie-notice/*.

Bild 2.68: Über das Plug-in *Cookie Notice* werden Besucher beim Betreten einer Website über die Datenerhebung informiert.

Backup nicht vergessen

Besser vor als nach einer Katastrophe: Daten sichern. Mit WordPress-Hausmitteln lässt sich einiges sehr schnell über das Backend sichern. Gehen Sie dazu auf *Werkzeuge/Daten exportieren*. Voreingestellt ist die Option *Alle Inhalte.* Das klingt gut, führt aber in die Irre. Mit einem Klick auf *Export-Datei herunterladen* erhalten Sie zwar alle Inhaltstypen, aber nicht wirklich alle Daten.

Außer Acht lässt WordPress nämlich die im Backend getätigten Einstellungen, die Inhalte der Mediathek und alle selbst installierten Themes und Plug-ins. Zudem verpackt WordPress das Ganze im hauseigenen WXR-Format. Um dieses Format wieder einzuspielen, brauchen Sie eine funktionierende WordPress-Installation. Ist sie zerschossen, wird die Wiederherstellung kompliziert. So richtig Freude kommt also mit den Bordmitteln nicht auf.

Sicherung der Dateien via FTP

Wer eine leicht wiederherzustellende Eins-zu-eins-Kopie der Installation bevorzugt, sichert die WordPress-Dateien per FTP und die Datenbankinhalte per *phpMyAdmin*. Los geht es mit den Dateien.

Öffnen Sie Ihr FTP-Programm und gehen Sie den im Vergleich zur Installation umgekehrten Weg. Am besten ziehen Sie den gesamten WordPress-Ordner auf Ihren lokalen Rechner. Mit dieser Methode wird auch eine möglicherweise nicht im FTP-Client angezeigte *.htaccess*-Datei sicher übertragen.

Sicherung der Datenbank via phpMyAdmin

Die Datenbank sichern Sie über das Verwaltungstool *phpMyAdmin*. Die URL und die Zugangsdaten haben Sie von Ihrem Provider erhalten und hoffentlich notiert. Falls nicht, müssen Sie sich noch mal im Backend des Providers informieren.

Loggen Sie sich in *phpMyAdmin* ein, wählen Sie die WordPress-Datenbank an und klicken Sie auf das Register *Exportieren*. Wählen Sie dann die Exportmethode *Angepasst – zeige alle möglichen Optionen an*.

Bild 2.69: Über die Exportfunktion des Datenbanktools *phpMyAdmin* kann die MySQL-Datenbank vom Server auf den heimischen Computer heruntergeladen werden.

Anschließend werden Sie mit einer Fülle von Einstellungsmöglichkeiten erschlagen. Geraten Sie aber nicht in Panik, Sie können mit einer Ausnahme alles unverändert lassen. Scrollen Sie zu *Objekterstellungsoptionen* und aktivieren Sie die Checkbox vor *DROP TABLE / VIEW / PROCEDURE / FUNCTION / EVENT / TRIGGER-Befehl hinzufügen*. So stellen Sie sicher, dass die Datenbank im Katastrophenfall unkompliziert wieder eingespielt werden kann.

Bild 2.70: Die Aktivierung der Checkbox vor *DROP TABLE / VIEW / PROCEDURE / FUNCTION / EVENT / TRIGGER-Befehl hinzufügen* stellt sicher, dass die Datenbank bequem wieder eingespielt werden kann.

Laden Sie dann die markierte Datenbank herunter. Sie erhalten eine *.sql*-Datei. Im Verbund mit den WordPress-Dateien lässt sich Ihre Website nun wieder vollständig rekonstruieren.

Um für alle Fälle gewappnet zu sein: Legen Sie regelmäßig Backups an und löschen Sie niemals die letzten drei. So können Sie auf eine ältere Version zurückgreifen, falls ein jüngeres Backup funktionsuntüchtig oder von Schadcode befallen ist.

Aktualisierungen durchführen

Eine WordPress-Site ist ein Dauerläufer. Sie können Ihr Projekt, und das unterscheidet WordPress positiv von anderen Systemen, über Jahre und (bisher) auch über ein Jahrzehnt ohne Brüche betreiben. Voraussetzung ist, dass Sie die Site ständig aktualisieren – aus Sicherheitsgründen und um die technischen und optischen Neuerungen nicht zu verpassen.

Von den drei wesentlichen Komponenten (WordPress-Kern, Themes und Plug-ins) veröffentlichen die Entwickler in mehr oder weniger regelmäßigen Abständen neue Versionen. Die kleinen Sicherheitsupdates des Kerns, erkennbar an der dritten Versionsziffer, spielt WordPress automatisch ein. Sie müssen also nicht selbst von 5.1.1 auf 5.1.2 aktualisieren, sondern nur auf 5.2, 5.3, 5.4 etc.

Die Update-Meldungen

Im Dashboard nicht zu übersehen sind die Benachrichtigungen über verfügbare Updates. Dabei addiert WordPress die Anzahl der zu aktualisierenden Komponenten. Näheres erfahren Sie, wenn Sie links den Menüpunkt anklicken. Das Ganze liest sich wie eine Getränkebestellung: 1 x WordPress selbst, 3 x Plug-ins und 3 x Themes, bitte. Doch seien Sie nicht zu voreilig.

Bild 2.71: Das Dashboard meldet die Verfügbarkeit einer neuen WordPress-Version. Aber auch Themes und Plug-ins müssen aktualisiert werden.

Vor dem Update sichern

Die meisten Updates verlaufen bei WordPress zwar problemlos, doch Vorsicht ist immer angeraten. Vor dem Klicken der Update-Buttons sollten Sie für Ihre Installation ein Backup anlegen. Probleme kann es in diesen Fällen geben:

- Ein veraltetes Plug-in arbeitet nicht mit einer aktualisierten WordPress-Version zusammen.

- Ein aktuelles Plug-in verweigert den Dienst unter einer veralteten WordPress-Version.

- Ein Plug-in streikt, weil es nach dem Update eine aktuellere PHP-Version oder ein höheres PHP Memory Limit benötigt.

KEINE UPDATES ÜBERSPRINGEN

Sie müssen zwar nicht sklavisch jedes Update gleich am Tag der Veröffentlichung einspielen, langfristig sollten Sie aber am Ball bleiben. Ein für Monate oder gar Jahre abgekoppeltes WordPress ist nicht nur ein Sicherheitsrisiko. Die Gefahr, dass die Update-Routine versagt oder das System nach einem Update nicht mehr funktioniert, erhöht sich mit der Anzahl der übersprungenen Versionen. Im schlimmsten Fall müssen Sie Ihr WordPress-Projekt wieder von vorne beginnen – und verlieren Ihren Status bei den Suchmaschinen, weil die Links auf Ihre alten Beiträge und Seiten ins Leere führen.

Interne und externe Themes und Plug-ins

Alle Themes und Plug-ins aus dem *Themes*- bzw. *Plugin*-Directory von WordPress »melden« sich von selbst, wenn ein Update vorliegt. Das Update gelingt in der Regel problemlos. Sie setzen einen Haken vor *Themes* bzw. *Plugins aktualisieren* und starten das Update.

Externe Themes und Plug-ins müssen dagegen in einigen Fällen über manuelles Hochladen oder per FTP aktualisiert werden. Nähere Informationen erhalten Sie beim jeweiligen Hersteller.

Falls Sie Ihr Theme mit Codeschnipseln angepasst haben: Änderungen, die nicht im Customizer, sondern direkt im Stylesheet oder in anderen Dateien vorgenommen wurden, werden mit dem Update möglicherweise überschrieben. Um das Überschreiben zu vermeiden, empfiehlt sich die Arbeit mit Child-Themes.

Probleme mit Plug-ins

Bei Problemen mit einem Plug-in-Update empfiehlt sich folgende Vorgehensweise:

1. Plug-in deaktivieren.
2. Update durchführen.
3. Plug-in wieder aktivieren – oder durch ein anderes Plug-in ersetzen.

Vor dem Siegeszug von WordPress und anderen Content-Management-Systemen bestand der größte Teil des Internets aus simplen, aber mühsam mit der Hand erstellten HTML-Websites. Heute ist zwar die Seitenerstellung viel einfacher geworden, die technischen Anforderungen sind aber gewachsen. Voraussetzung für die Installation und den Betrieb von WordPress ist eine Umgebung, die die Skriptsprache PHP und eine Datenbank wie MySQL oder MariaBD bereitstellt. Üblicherweise erledigt das alles ein Apache-Server (einige Provider setzen aber auch auf das schnellere Serversystem NginX).

Einen lokalen Webserver aufsetzen

Auf einem handelsüblichen PC ist weder Apache noch NginX vorinstalliert. Wer eine Test- und Entwicklungsumgebung für seine WordPress-Site auf dem heimischen Rechner haben möchte, muss deshalb nachrüsten. Für eine lange Zeit war XAMPP das führende System für eine WordPress-Umgebung.

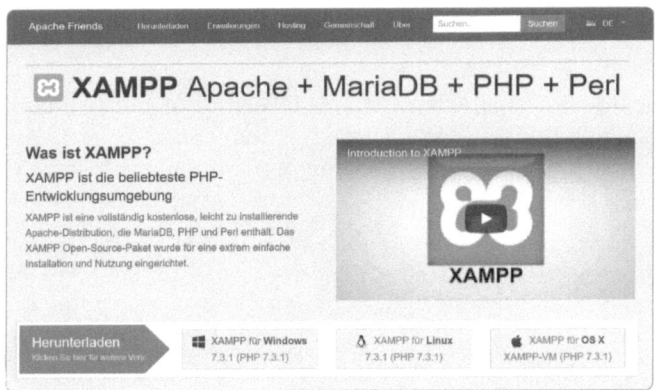

Bild 3.1: Die klassische Entwicklungsumgebung: Auf *https://www.apachefriends. org/de/index.html* steht der XAMPP-Server zum Download zur Verfügung.

XAMPP oder MAMP?

Was bedeutet XAMPP? Es ist wie an der Currywurstbude. Jeder Buchstabe von XAMPP steht für eine bestimmte Zutat:

- **X** steht für ein beliebiges Betriebssystem. XAMPP lässt sich auf Windows, macOS und Linux installieren.
- **A** steht für den Apache-Server, den weltweit am häufigsten eingesetzten Webserver.
- **M** steht für die Datenbank MariaDB. Früher war hier MySQL im Einsatz.
- **P** steht für die Programmiersprache PHP.
- **P** steht für die Programmiersprache Perl.

Falls Sie Ihre Live-Website bei einem Provider hosten, der Apache als Server und MariaDB als Datenbanksystem einsetzt, ist XAMPP eine Überlegung wert. Die Bezugsquelle findet sich unter *https://www.apachefriends.org/de/index.html*.

Drei Gründe sprechen allerdings gegen XAMPP – und für die Alternative MAMP:

- Die meisten Provider setzen immer noch auf das Datenbanksystem MySQL und nicht auf MariaDB. Zwar ist eine Migration möglich, aber beim Auftauchen von Problemen geht es nicht ohne Expertenwissen. Unkomplizierter ist es, wenn Entwicklungs- und Liveumgebung identisch sind.

- MAMP ist ein sehr flexibles System. Auch NginX steht mit MAMP zur Verfügung.

- Mit MAMP PRO lässt sich eine lokale WordPress-Installation sehr schnell einrichten.

Kurz: MAMP ist für die Mehrheit der WordPress-Admins die bessere Wahl.

MAMP herunterladen

Bild 3.2: Auf der Website *https://www.mamp.info/de/* steht die Entwicklungsumgebung MAMP zum Download bereit.

Was bedeutet MAMP? Das Kürzel steht für diese Zutaten:

- **M** steht für My wie »mein Betriebssystem«. MAMP funktionierte ursprünglich nur mit dem Mac, läuft aber heute auch problemlos auf Windows-Computern.

- **A** steht für Apache, es kann aber auch die Alternative NginX aktiviert werden.

- **M** steht für die Datenbank MySQL.

- **P** steht für die Programmiersprache PHP.

Los geht's mit dem Download von der Seite *https://www.mamp.info/de/*. Wählen Sie zunächst Ihr Betriebssystem aus – Windows oder macOS. Dann laden Sie, schlank ist MAMP nicht gerade, über 400 MByte herunter.

Im Download-Fenster erkennen Sie, dass automatisch MAMP PRO heruntergeladen wird. Lassen Sie sich dadurch nicht verunsichern. Auch wenn Sie später nur die kostenlose Version nutzen möchten, ist die PRO-Variante richtig.

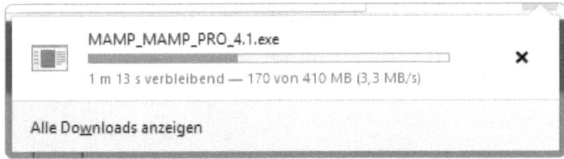

Bild 3.3: Über 400 MByte müssen heruntergeladen werden. Für den Download steht ausschließlich MAMO PRO zur Verfügung. Diese Variante ist auch dann richtig, wenn später nur der kostenlose MAMP-Server verwendet wird.

MAMP-Setup

Nach dem Download folgt die Installation von MAMP. Aktivieren Sie auf jeden Fall die Checkbox vor *MAMP PRO*, denn damit erleichtern Sie sich die spätere Installation von WordPress erheblich.

Mit der Installation werden zwei Icons auf Ihrem Desktop abgelegt, eins für MAMP und eins für MAMP PRO. Die PRO-Version läuft 14 Tage als voll funktionsfähige Demo. Anschließend ist eine Lizenzierung zum Preis von 59 Euro erforderlich.

Auch wenn Sie die PRO-Version nicht erwerben, können Sie die Basisversion einschließlich WordPress weiterhin nutzen: Klicken Sie nach Ablauf der Demofrist auf das *MAMP*-Icon (und nicht auf *MAMP PRO*).

Bild 3.4: Empfehlenswert ist die zusätzliche Installation von MAMP PRO.

MAMP starten

Klicken Sie nach der Installation das Icon *MAMP PRO* an, um den Server zu starten und zur Benutzeroberfläche zu gelangen.

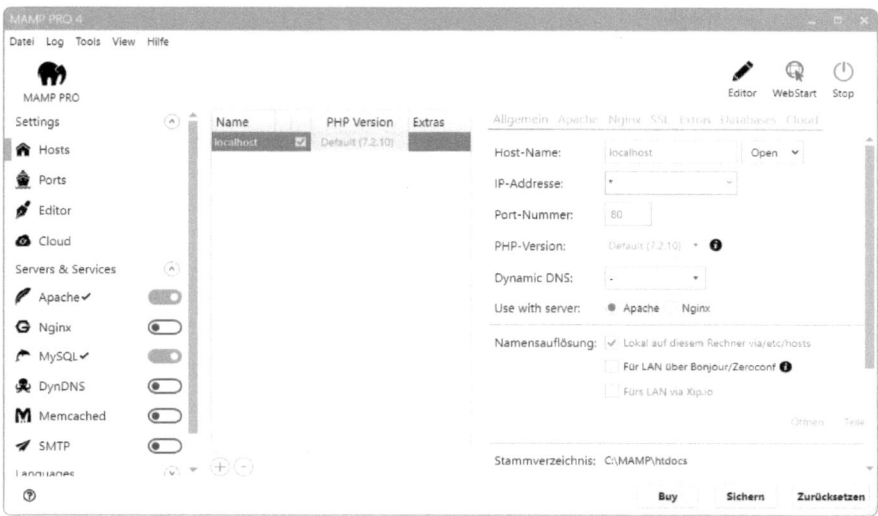

Bild 3.5: Die Oberfläche von MAMP PRO. Rechts oben wird der Server eingeschaltet und gestoppt. Über die Schieberegler in der linken Spalte lässt sich auch NginX als Server auswählen.

Das sind wichtigsten Bedienelemente:

- Rechts oben befindet sich der Startknopf des Servers.

- In der linken Spalte haben Sie die Auswahlmöglichkeit zwischen *Apache* und *NginX*. In der Regel ist *Apache* die richtige Wahl.

- Im rechten Fenster können Sie im Register *Extras* verschiedene Anwendungen hinzufügen.

Nach dem Start des Servers und einer Anlaufzeit von etwa 30 Sekunden dürfen Sie sich an ein völlig neues Surfgefühl gewöhnen. Geben Sie »http://localhost« in die Adresszeile Ihres Browsers ein, um Ihre erste lokale Webseite aufzurufen. Ab jetzt surfen Sie nicht mehr nur in den Weiten des Internets, sondern auch auf dem heimischen Computer. Was aber noch fehlt: WordPress.

WordPress als Extra

MAMP PRO läuft? Dann klicken Sie auf das Register *Extras*, um WordPress hinzuzufügen. In der Regel ist die mitgelieferte WordPress-Version schon etwas älter. Das trübt die Freude aber nicht, denn auch innerhalb eines MAMP-Systems lässt sich WordPress problemlos über das Backend updaten – oder mit Themes und Plug-ins nachrüsten.

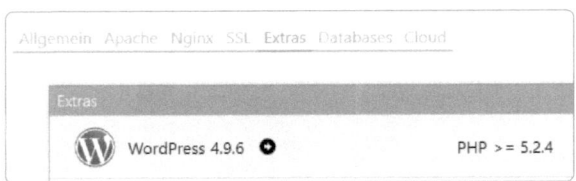

Bild 3.6: Im Register *Extras* wurde WordPress ausgewählt.

WordPress in MAMP installieren

In MAMP PRO ist der gesamte Installationsprozess im Handumdrehen erledigt. Die Datenbank wird automatisch angelegt. Wenn Sie das Feld *Verzeichnis* leer lassen, wird WordPress direkt im Stammverzeichnis des Servers installiert und ist danach via *http://localhost* abrufbar. Falls Sie mehrere WordPress-Installationen auf MAMP betreiben möchten, können Sie über das Feld *Verzeichnis* auch Unterordner anlegen. In diesem Fall ändert sich dann die URL – zu *http://localhost/namedesunterordners*.

Achtung: Die voreingetragenen Zugangsdaten (*admin* für Benutzername und Passwort) sind leicht zu erraten. Ändern Sie sie, falls Ihr Computer an ein Netzwerk angeschlossen ist.

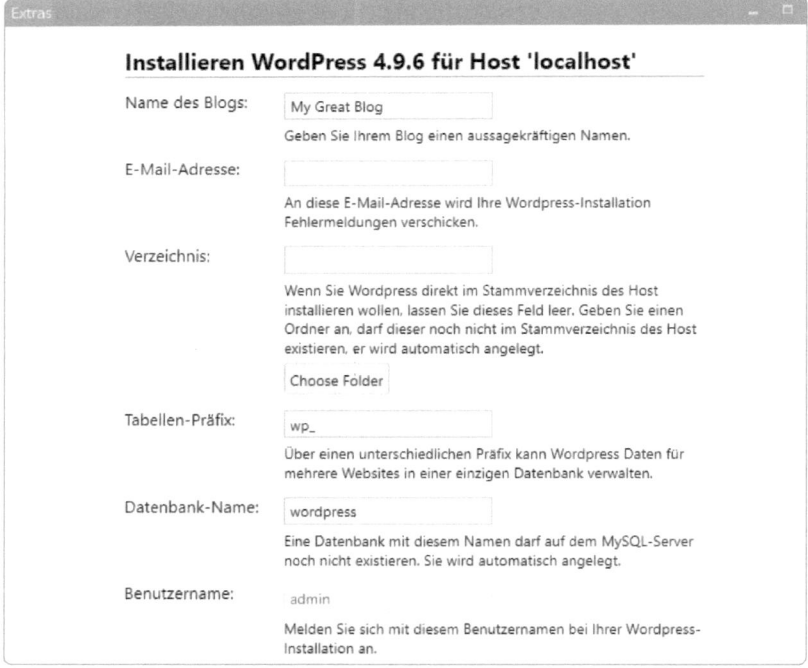

Bild 3.7: WordPress lokal installieren. Bleibt das Feld *Verzeichnis* leer, wird WordPress direkt im Stammverzeichnis installiert und ist über *http://localhost* abrufbar.

WordPress lokal betreiben

Ab jetzt verfügen Sie über ein funktionsfähiges WordPress auf Ihrem eigenen Computer. Über folgende URLs erreichen Sie das Front- und das Backend:

- Frontend: *http://localhost*
- Backend: *http://localhost/wp-admin/*

Im Backend Ihrer lokalen Installation haben Sie alle Möglichkeiten zur Administration. Zunächst sollten Sie Updates durchführen und via *Einstellungen* die Sprache der Website auf Deutsch ändern, denn bei MAMP ist WordPress auf Englisch eingestellt.

Anschließend können Sie nach Belieben Plug-ins und Themes installieren und aktivieren. Gefahrlos lassen sich aber auch WordPress-Dateien direkt im Quellcode bearbeiten. Sie verfügen nun über eine lokale Entwicklungsumgebung.

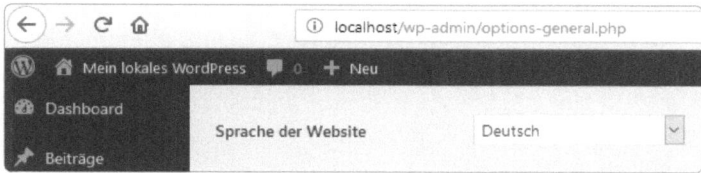

Bild 3.8: Via *localhost/wp-admin/* bzw. *localhost/namedesunterordners/wp-admin/* wird das Backend von WordPress aufgerufen. MAMP PRO liefert ein englisches WordPress mit. In den *Einstellungen* lässt sich die Sprache der Website auf Deutsch umstellen.

Website lokal im Frontend

Im Frontend können Sie die Ergebnisse Ihrer Arbeit sofort aus der Besucherperspektive betrachten. Sie benötigen dazu lediglich einen Browser – aber keine Internetverbindung.

Bild 3.9: Die lokale WordPress-Installation im Frontend.

Sicherheitstipps für den MAMP-Server

Der Vorteil von MAMP ist, dass der Server »out of the box« läuft. Sie müssen sich also nicht um die Serverkonfiguration kümmern. Was Sie allerdings nicht erhalten, ist ein besonders sicheres System. MAMP ist eine lokale Entwicklungsumgebung, aber kein

Ersatz für einen Webserver im Livebetrieb. Mit diesen drei Maßnahmen erhöhen Sie Ihre Sicherheit:

● Aktivieren Sie MAMP nur für die Zeit, in der Sie mit dem System arbeiten.

● Ersetzen Sie den voreingestellten Benutzernamen und das voreingestellte Passwort.

● Geben Sie Ihren Computer nicht in einem Netzwerk frei, solange Sie MAMP aktiviert haben.

Stagingsite: das Testfeld für Admins

Nicht wenige WordPress-Admins haben diese unschöne Erfahrung schon machen müssen: Nachdem ein Plug-in aktualisiert oder ein PHP-Codeschnipsel eingefügt wurde, fallen bestimmte Funktionen aus, oder die ganze Website ist nicht mehr erreichbar.

Gut, wenn man im Katastrophenfall über ein Backup verfügt. Es gibt aber auch eine präventive Möglichkeit, WordPress ohne böse Überraschungen zu betreiben: das sogenannte Staging. Der Begriff kommt von Stage wie Bühne, gemeint ist aber eher eine Probebühne. Das steckt dahinter:

Stagingsite und Livesite

Eine Stagingsite ist ein Testfeld für Administratoren und Entwickler. Das Prinzip ist schnell erklärt: Updates, Plug-ins und Codeschnipsel werden ohne Gefahr für die eigentliche Website zunächst »im Sandkasten« ausprobiert. Erst nach einem Funktionscheck folgen die Änderungen im Live-WordPress.

Stagingsite einrichten

Verschiedene Wege führen zu einer Stagingsite. Wer für Live-WordPress und Staging-WordPress eine identische Serverumgebung haben möchte, kann zu einer Subdomain greifen.

Beispiel:

● Livesite: *tanzschule-mustermann.de*

● Stagingsite: *staging.tanzschule-mustermann.de*

Allerdings hat diese Konstruktion auch Nachteile. Bei einem Hackerangriff könnte die Stagingsite die Livesite in Bedrängnis bringen.

Manche Provider fackeln nämlich nicht lange, wenn sie Schadcode auf einer Website identifizieren oder vermuten. Im schlimmsten Fall sperren sie dann nicht nur die gehackte Subdomain, sondern auch noch die zugehörige Hauptdomain.

Sicherheitsbewusste Admins legen die Stagingsite deshalb nicht in unmittelbarer Nähe der Livesite an.

Unabhängige Stagingsite

Vielleicht haben Sie noch eine ungenutzte Domain in Ihrem Hosting-Paket übrig? Dann verwenden Sie sie für die Stagingsite. So ist sichergestellt, dass die Serverumgebung zwischen Live- und Stagingsite nicht unterscheidet. Die Tabelle zeigt, welche Werte übereinstimmen sollten:

	LIVESITE	STAGINGSITE
Servertyp	Apache oder NginX	Apache oder NginX
Datenbank	MySQL oder MariaDB	MySQL oder MariaDB
PHP-Version	Versionsnummer	Versionsnummer

Haben Sie in jeder Spalte die gleichen Werte? Dann spricht nichts gegen separate Domains für Live- und Stagingsite.

STAGING-PLUG-INS

Noch ein Wort zu Staging-Plug-ins. Das bekannteste nennt sich *WP Staging*: Der Aufwand für das Staging ist mit einem Plug-in relativ gering. *WP Staging* klont beispielsweise eine gesamte Website per Kopfdruck und legt sie in einem Unterverzeichnis ab. Die Frage ist aber, ob diese Lösung wirklich die Nerven des Admins schont. Eine Testsite im Unterverzeichnis der Livesite hinterlässt ein mulmiges Gefühl. Die Gefahr ist zu groß, dass sich Fehler oder Sicherheitslücken der Stagingsite negativ auf die Livesite auswirken. Zudem wird die Performance der Livesite unnötig belastet.

WordPress spiegeln

Nach den Vorüberlegungen zur Serverumgebung beginnt nun die Praxis: Die Live-Website *tanzschule-mustermann.de* wird auf die Domain *wpstaging.de* gespiegelt, wobei sich beide Installationen im selben Hosting-Paket und auf Webspace gleicher Qualität befinden.

Bild 3.10: Die Verzeichnisse der Live- und der Spiegelsite befinden sich im selben Hosting-Paket.

Am besten ist es, mit der Spiegelung der Datenbank zu beginnen.

Datenbank der Livesite exportieren

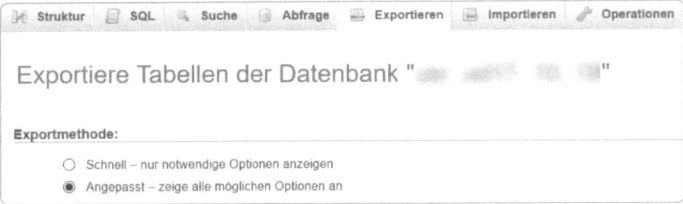

Bild 3.11: Via *phpMyAdmin* wird die Datenbank der Livesite exportiert. Wichtig für eine Datenspiegelung ist die Auswahl der Exportmethode *Angepasst*.

Zunächst wird die Datenbank der Livesite heruntergeladen. Hier die nötigen Arbeitsschritte:

① Loggen Sie sich in den Kundenbereich Ihres Providers ein.

② Rufen Sie das Verwaltungstool *phpMyAdmin* auf.

③ Loggen Sie sich in *phpMyAdmin* ein.

④ Wählen Sie die *Datenbank* der Livesite aus.

⑤ Klicken Sie in *phpMyAdmin* auf das Register *Exportieren*.

⑥ Wählen Sie die Exportmethode *Angepasst*.

⑦ Aktivieren Sie das Häkchen in der Checkbox vor *DROP TABLE*. Alles andere lassen Sie unverändert.

DROP TABLE aktivieren

Haben Sie den Haken vor *DROP TABLE* gesetzt? Dann klicken Sie unten auf *OK*, um den Export zu starten und die Datenbank auf Ihren Computer herunterzuladen. Aus Gründen der Übersicht empfiehlt es sich, die Datei umzubenennen, beispielsweise in *stagingbank.sql*.

Bild 3.12: An diesem Häkchen ist schon mancher Webmaster gescheitert: Die Checkbox vor *DROP TABLE* muss beim Export aktiviert sein. Auf diese Weise kann die Datenbank später wieder problemlos importiert werden.

Datenbank für Stagingsite importieren

Nun wird die exportierte Datenbank für die Stagingsite wieder eingespielt. Die Vorgehensweise:

❶ Rufen Sie *phpMyAdmin* auf.

❷ Gehen Sie im Menü oben auf *Datenbanken* und *Neue Datenbank anlegen*. Sie erhalten nun eine leere Datenbank ohne Tabellen.

❸ Selektieren Sie diese neue Datenbank und klicken Sie dann in *phpMyAdmin* auf das Register *Importieren*.

❹ Kontrollieren Sie noch einmal alles. Stellen Sie sicher, dass Sie die neue Datenbank selektiert haben – und keine alte Datenbank überschreiben.

❺ Klicken Sie auf *Durchsuchen* und wählen Sie die exportierte Datenbank der Livesite aus.

❻ Starten Sie den Import mit einem Klick auf *OK*.

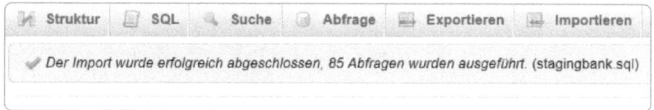

Bild 3.13: Der Import der Datenbank wurde erfolgreich abgeschlossen.

Die Datenbank wurde nun von der Livesite gespiegelt. Allerdings ist an zwei Stellen noch »fälschlicherweise« die URL der Livesite eingetragen, beispielsweise *https://tanzschule-mustermann.de*.

Klicken Sie in *phpMyAdmin* über die linke Spalte die Tabelle *wp_options* an. Es öffnen sich im Hauptfenster nun einzelne Tabellenfelder, die Sie editieren können.

URLs in der Tabelle Optionen umstellen

Für *siteurl* und *home* wird im Feld *option_value* die URL der Stagingsite eingetragen.

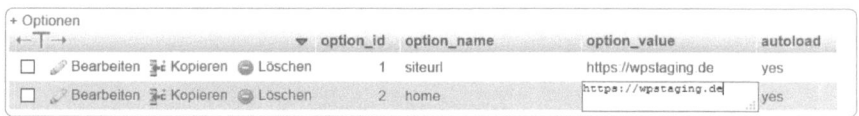

Bild 3.14: In der Tabelle *wp_options* werden die URLs angepasst.

Beispiel:

● Alte URL bei *siteurl*: *https://tanzschule-mustermann.de*

● Neue URL bei *siteurl*: *https://wpstaging.de*

- Alte URL bei *home*: *https://tanzschule-mustermann.de*
- Neue URL bei *home*: *https://wpstaging.de*

Nun geht es mit den WordPress-Dateien weiter.

WordPress-Dateien verschieben statt installieren

Ziel ist es, eine Eins-zu-eins-Kopie der Livesite zu erstellen, einschließlich aller Themes, Plug-ins und Inhalte der Mediathek. Aus diesem Grund werden die Dateien nicht installiert, sondern verschoben. Lediglich die Konfigurationsdatei wird geändert.

Die erforderlichen Arbeitsschritte:

1. Starten Sie einen FTP-Client, beispielsweise FileZilla, und verbinden Sie sich mit dem Server.

2. Laden Sie die WordPress-Dateien der Livesite auf den heimischen Computer herunter.

3. Öffnen Sie die Datei *wp-config.php* und passen Sie die Zugangsdaten an. Ersetzen Sie die Verbindungsdaten für die Datenbank der Livesite mit den Verbindungsdaten für die Datenbank der Stagingsite.

4. Laden Sie die WordPress-Dateien vom heimischen Computer in das Verzeichnis für die Stagingsite hoch.

Es fehlt noch ein letzter Schritt für die Spiegelung. Weil WordPress nicht nur relative, sondern (beispielsweise in der Mediathek) auch absolute Links einsetzt, müssen noch einige Handgriffe erledigt werden.

Absolute Links ersetzen

Am einfachsten funktioniert diese Ersetzung mit einem Plug-in. Empfehlenswert ist *Better Search Replace*, die kostenlose Version genügt. Das Plug-in versteckt sich nach der Aktivierung ein bisschen. Aufgerufen wird es im Backend über *Werkzeuge/Better Search Replace*.

Better Search Replace
Von Delicious Brains

Herunterladen

Bild 3.15: Das Plug-in *Better Search Replace* ersetzt Zeichenketten aller Art. Es eignet sich auch zum automatisierten Austausch von absoluten Links.

Suchen und ersetzen

So gehen Sie vor, um alle absoluten Links auf einmal zu ersetzen:

❶ Geben Sie im Feld *Suchen nach* die Domain der Livesite ein, zum Beispiel *https:// tanzschule-mustermann.de*.

❷ Geben Sie im Feld *Ersetzen durch* die Domain der Stagingsite ein, zum Beispiel *https://wpstaging.de*.

❸ Markieren Sie im Feld *Tabellen auswählen* alle Tabellen. Ziehen Sie den Scrollbalken nach unten und lassen Sie keine Tabellen aus.

❹ Es folgen drei Checkboxen. Ignorieren Sie die ersten beiden. Lassen Sie aber den Haken in der Checkbox bei *Testlauf* gesetzt, um die Änderungen zunächst anzeigen zu lassen.

❺ Entfernen Sie den Haken bei *Testlauf* und klicken Sie auf den Button *Suchen/ Ersetzen starten*.

Damit ist die Spiegelung abgeschlossen. Rufen Sie die Stagingsite erneut auf und überprüfen Sie, ob alle Links funktionieren.

Bild 3.16:
Die absoluten Links der Livesite werden ersetzt.

WordPress auf die Livesite zurückspielen

In diesem Kapitel lernen Sie, wie Sie eine Stagingsite auf eine Livesite zurückspielen. Notwendig ist dieses Manöver in der Praxis hoffentlich nicht, aber Sie sollten es trotzdem durchführen. Denken Sie dabei an eine Feuerwehrübung. Das Durchspielen eines Szenarios schützt vor Panik im Katastrophenfall.

WordPress-Katastrophenfälle sind beispielsweise:

● Ihre Website wurde gehackt. Möglicherweise war ein Plug-in für den Einbruch verantwortlich. Auch wenn Sie den Schadcode entdeckt und wie das verdächtige Plug-in gelöscht haben, bleibt ein mulmiges Gefühl zurück. Zum einen ist es möglich, dass der Provider nach der Infizierung das Rechteschema für die Verzeichnisse in Ihrem Webspace stark verändert hat, zum anderen können Sie nicht ausschließen, dass sich der Schadcode auch an Stellen von WordPress eingenistet hat, die Sie nicht entdeckt haben.

● Ihre Website funktioniert nach einem Update nicht mehr, und das Problem hat sich auf gewöhnlichem Weg nicht lösen lassen, beispielsweise durch die Deaktivierung von Plug-ins, den Wechsel auf das Standardtheme oder die Umstellung der PHP-Version für Ihren Webspace.

So gehen Sie vor, um die Livesite wieder zum Laufen zu bringen:

❶ Bevor Sie die WordPress-Dateien überschreiben oder löschen: Führen Sie noch einmal ein komplettes Backup der Livesite durch.

❷ Kontrollieren Sie die Funktionsfähigkeit der Stagingsite, die Sie als Basis für die Wiederherstellung der Livesite verwenden möchten.

❸ Löschen Sie die WordPress-Dateien der Livesite auf dem Server.

❹ Öffnen Sie *phpMyAdmin*.

❺ Exportieren Sie die Datenbank der Stagingsite.

❻ Legen Sie eine neue Datenbank an und importieren Sie die Datenbank der Stagingsite.

❼ Passen Sie in der Tabelle *Optionen* die beiden Felder *siteurl* und *home* an. Tragen Sie die URL der Livesite ein.

❽ Öffnen Sie Ihr FTP-Programm.

❾ Laden Sie die WordPress-Dateien der Stagingsite herunter.

❿ Passen Sie in der Datei *wp-config.php* die Zugangsdaten für die Datenbank an.

⓫ Laden Sie die WordPress-Dateien der Stagingsite auf den Server hoch.

⓬ Loggen Sie sich ein.

⓭ Installieren und aktivieren Sie das Plug-in *Better Search Replace*.

⓮ Ersetzen Sie die absoluten URLs.

Eine Staging-Strategie entwickeln:

WordPress-Profis betreiben nicht nur eine, sondern mehrere Stagingsites. Für ein anspruchsvolles Projekt wie beispielsweise einen Webshop empfiehlt sich folgendes Set:

- Eine Stagingsite zur Prävention. Jede Aktualisierung wird hier getestet und anschließend auf der Livesite nachvollzogen.

- Eine Stagingsite, auf der ein aktuelleres Backup der Livesite eingespielt ist. Mit einer funktionierenden Stagingsite haben Sie die Gewissheit, dass ein Backup fehlerlos und komplett vorliegt. Im Notfall bietet die exakte Kopie die einfachste Möglichkeit, WordPress wiederherzustellen.

- Eine Stagingsite, auf der ein etwas älteres Backup der Livesite eingespielt ist. Dieses ältere Backup wird im äußersten Notfall eingesetzt, nämlich falls das aktuellere von Schadcode befallen ist und nicht mehr zur Rekonstruktion eingesetzt werden kann.

Kurzer Crashkurs HTML und PHP

HTML (*HyperText Markup Language*) ist die Sprache des Internets. Sie gibt dem Browser über HTML-Tags Befehle zur Darstellung von Texten einer Webseite.

Crashkurs HTML

Die Befehle bestehen in der Regel aus einem Starttag und einem Abschlusstag. Erkennbar sind sie an den spitzen Klammern, beispielsweise:

```
<h1>Neuer Tanzkurs gestartet</h1
```

Das Tag `<h1>` definiert eine Überschrift. h leitet sich vom englischen Wort Heading ab. Das Abschlusstag `</h1>` mit dem Schrägstrich schließt die Überschrift ab.

In HTML sind sechs Überschriften vorgesehen. `<h1>` definiert die größte, `<h6>` die kleinste. Nach der Überschrift folgt in der Regel der Text. Mit Absätzen lässt er sich gut strukturieren. Sie werden durch das Tag `<p>` definiert. Hier ein Beispiel für die Kombination aus Überschriften und Absätzen:

```
001   <h1>Neuer Tanzkurs gestartet</h1>
002   <p>Liebe Tanzfreunde, es ist wieder so weit! Unser nächster Kurs
      beginnt am nächsten Montag um 20.00 Uhr.</p>
003
004   <h2>Anmeldung ab jetzt</h2>
005   <p>Anmeldungen werden ab jetzt entgegengenommen. Buchen Sie recht-
      zeitig, denn unsere Kurse sind schnell belegt.</p>
```

Die zweite Überschrift, markiert durch das `<h2>`-Tag, wird etwas kleiner als die erste dargestellt. Als Alternative könnte die Aufforderung zur Anmeldung auch fett dargestellt werden. Dafür nutzen Sie das Tag `<b>`. Nach dem Ersetzen von `<h2>` durch `<b>` sieht die betreffende Zeile im Quellcode so aus:

```
<b>Anmeldung ab jetzt</b>
```

Falls Sie die Überschriften in WordPress via HTML bearbeiten möchten:

Verwenden Sie vorzugsweise Überschriften von `<h2>` bis `<h5>`. Eine `<h1>`-Überschrift verwendet WordPress nämlich bereits für den Titel eines Beitrags bzw. einer Seite. Weitere `<h1>`-Überschriften würden Google irritieren. Die Suchmaschine geht davon aus, dass jede Seite nur über eine Überschrift erster Ordnung verfügt.

HTML und PHP

HTML ist eine statische Sprache. Ihre Grenzen hat sie bei der Verarbeitung von Beiträgen und Kommentaren, die von Besuchern und Administratoren direkt eingegeben und dargestellt werden sollen. Auch Kontakt- und Bestellformulare funktionieren nicht auf reinen HTML-Seiten.

Bei interaktiven Anwendungen kommt PHP ins Spiel. Den Beginn von PHP-Code erkennen Sie an der Zeichenfolge `<?php`, das Ende wird mit `?>` markiert.

Die PHP-Tags selbst werden wie bei HTML in spitze Klammern gesetzt, den Abschluss eines PHP-Befehls bildet immer noch ein Semikolon (Strichpunkt). Durch `echo` wird PHP angewiesen, etwas auf dem Bildschirm anzuzeigen. Mit diesem PHP-Befehl wird beispielsweise die URL der Startseite einer Website ausgelesen und angezeigt:

```
<?php echo home_url(); ?>
```

PHP und HTML können auf einer Webseite gemischt werden. Allerdings muss, sobald ein einziger PHP-Befehl dabei ist, die Seite als *.php* abgespeichert werden. In WordPress enden alle Seiten auf *.php*.

CSS-Stylesheet: zwischen den Zeilen

In WordPress und vergleichbaren Systemen werden die meisten HTML-Befehle über eine zentrale CSS-Datei genauer definiert. Ob die Größe von Überschriften und Texten, Schriftarten (Fonts genannt) oder der Abstand zwischen den Zeilen, das alles steuert die Datei *style.css*, das sogenannte Stylesheet.

Man kann die CSS-Anweisungen auch direkt zum HTML-Code der einzelnen Beiträge und Seiten packen. Seit Version 5.0 greift WordPress auch zu dieser Methode. Über den Textblock des Gutenberg-Editors lassen sich beispielsweise Schriftgröße und -farbe schnell anpassen – aber eben nur für einzelne Elemente.

Für Änderungen, die die Darstellung sämtlicher Beiträge, Seiten und Menüs betreffen, ist nach wie vor das Stylesheet die bessere Wahl.

Stylesheet öffnen

Mit einem Klick auf *Design/Theme-Editor* öffnet sich nicht etwa Gutenberg, der bekannte Editor zur Erstellung von Beiträgen und Seiten, sondern ein wesentlich schlankeres Tool. In diesem lässt sich Quellcode bearbeiten.

Nach dem Aufrufen des Theme-Editors ist standardmäßig die Datei *style.css* des aktiven Themes geladen. Oben in der rechten Spalte können Sie beides ändern, das zu bearbeitende Theme und die geladene Datei.

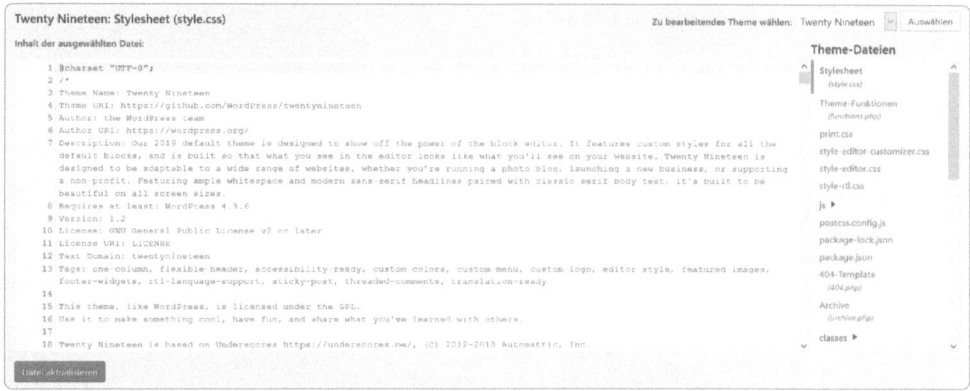

Bild 3.17: Die *style.css*-Datei, auch Stylesheet genannt, lässt sich direkt in WordPress in einem Editor bearbeiten.

Ein WordPress-Theme setzt sich aus diesen Komponenten zusammen:

- Das Stylesheet und gegebenenfalls weitere CSS-Dateien.
- Etwa ein Dutzend Templates, also Vorlagen für bestimmte WordPress-Bereiche und Funktionen.
- Weitere Dateien, die aber nur von Experten bearbeitet werden sollten.

Die Templates erkennen Sie an der Endung *.php*. Sie bestimmen zum Beispiel das Aussehen der Startseite, einer Beitragsseite oder des Seitenfooters. Auch Templates können im Theme-Editor bearbeitet werden. Beginnen sollten Sie aber mit dem Stylesheet.

Aufbau des Stylesheets

Wenn Sie etwas nach unten scrollen, zeigt sich zunächst der TABLE OF CONTENTS, das Inhaltsverzeichnis des Stylesheets. Es folgen die Abschnitte mit den einzelnen CSS-Befehlen.

Die Schrägstriche und Sternchen dienen nicht allein der Optik. Alles zwischen /* und */ sind in einer CSS-Datei keine Befehle, sondern Kommentare. Setzen Sie eigene Kommentare, damit Sie (oder andere) später noch wissen, welche Veränderungen vorgenommen wurden.

Twenty Nineteen: Stylesheet (style.css)

Inhalt der ausgewählten Datei:

```
25 >>> TABLE OF CONTENTS:|
26 -------------------------------------------------------------
27 # Variables
28 # Normalize
29 # Typography
30      ## Headings
31      ## Copy
32 # Elements
33      ## Lists
34      ## Tables
35 # Forms
36      ## Buttons
37      ## Fields
38 # Navigation
39      ## Links
40      ## Menus
41      ## Next & Previous
42 # Accessibility
43 # Alignments
44 # Clearings
45 # Layout
46 # Widgets
47 # Content
48      ## Archives
49      ## Posts and pages
50      ## Comments
51 # Blocks
52 # Media
53      ## Captions
54      ## Galleries
55 -------------------------------------------------------------*/
56 /*
```

Bild 3.18: Der TABLE OF CONTENTS, das Inhaltsverzeichnis des Stylesheets.

Stylesheet über den Customizer bearbeiten

Das Stylesheet (nicht jedoch die PHP-Dateien) müssen Sie nicht zwingend direkt bearbeiten, Sie können dazu auch den Customizer verwenden. Zum CSS-Eingabefenster gelangen Sie über *Design/Customizer/Zusätzliches CSS*.

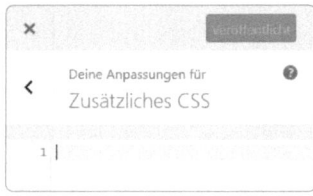

Bild 3.19: Das Stylesheet kann auch über den Customizer angepasst werden.

Die Tabelle zeigt die Unterschiede zwischen den beiden Methoden:

STYLESHEET IM EDITOR BEARBEITEN	STYLESHEET IM CUSTOMIZER BEARBEITEN
Bearbeitung des Quellcodes.	Bearbeitung an externem Ort.
Änderungen werden erst im Frontend sichtbar.	Änderungen sind live sichtbar.
Änderungen werden bei Theme-Updates überschrieben.	Änderungen bleiben bei Theme-Updates erhalten.

So passen Sie Ihr Stylesheet effektiv und sicher an:

1 Suchen Sie im Theme-Editor nach den gewünschten Abschnitten und lesen Sie die aktuellen CSS-Befehle ab.

2 Nutzen Sie den Customizer, um die CSS-Befehle anzupassen.

Themes mit CSS maßschneidern

Bisher haben Sie Themes nur über grafische Oberflächen angepasst. Aber dank CSS können Sie nun tiefer in das System eingreifen und Ihr Theme nach Maß anfertigen. Aus Sicherheitsgründen sollten Sie dabei eine der folgenden Methoden anwenden:

- Arbeit in einem Testsystem wie MAMP oder einer Stagingsite. Änderungen wahlweise direkt in der CSS-Datei oder im Customizer.

- Arbeit in einem Livesystem. Änderungen ausschließlich im Customizer.

Schriftart ändern

Vielleicht ist Ihnen auch schon aufgefallen, dass die Schriftarten im Theme *Twenty Nineteen* altbacken wirken. Die Serifenschrift »mit Füßchen« ist nicht jedermanns Geschmack. Zudem ist die Schrift in den Textabschnitten nicht auf allen Endgeräten gut lesbar.

In den normalen Themes-Einstellungen lässt sich das nicht ändern, über CSS-Befehle schon. Am unproblematischsten funktioniert die Schriftänderung über den Customizer. Dort lassen sich Fehler einfach rückgängig machen.

Karten zum Ball

Der große Ball wirft seine Schatten voraus. Musikalisch begleiten wird uns das Kaiserorchester. Karten sind ab sofort erhältlich.

👤 T@nzmeister   🕐 11. Februar 2019   📑 Allgemein
▪ Veröffentliche einen Kommentar

Bild 3.20: Im Standardtheme *Twenty Nineteen* werden die Beiträge in einer etwas konservativen und nicht auf allen Systemen gut lesbaren Schriftart angezeigt. Das lässt sich ändern.

CSS über den Customizer anpassen

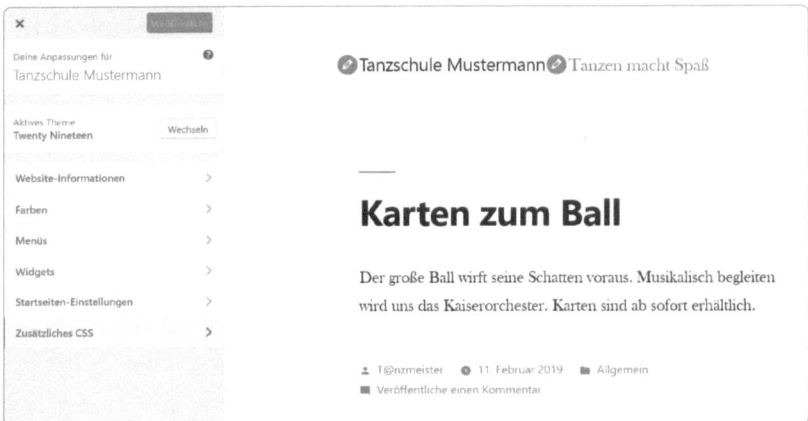

Bild 3.21: Customizer und Beitrag sind gleichzeitig geöffnet. Ganz unten im Customizer befindet sich der Menüpunkt *Zusätzliches CSS*.

Klicken Sie im Backend auf einen beliebigen Beitrag oder eine beliebige Seite. Die nächsten Schritte:

❶ Öffnen Sie den *Customizer* via *Design/Customizer*.

❷ Klicken Sie unten im *Customizer* auf *Zusätzliches CSS*.

❸ Überfliegen Sie den Erläuterungstext und klicken Sie ihn dann per *Schließen* weg. Keine Panik, er erscheint beim nächsten Öffnen wieder.

Nun geht es an die Arbeit – und zwar im CSS-Eingabefenster des Customizer. Um die Schriftart in allen Beiträgen und Seiten zu ändern, genügt folgender Codeschnipsel:

```
001   body
002   {
003   font-family: Verdana, Helvetica, Arial, sans-serif;
004   }
```

Bild 3.22: Die im Customizer hinzugefügten CSS-Anpassungen werden sofort sichtbar.

Überprüfen Sie nun im Beitragsfenster den Effekt: Die altbackene und undeutliche Schrift mit den Serifen – den Füßchen – ist verschwunden.

Ersetzt wird sie nach folgendem Prinzip:

- Schriftart Verdana, falls im Browser des Besuchers verfügbar.

- Schriftart Helvetica, falls Verdana nicht verfügbar.

- Schriftart Arial, falls Helvetica auch nicht verfügbar.

- Irgendeine serifenlose Schrift, falls auch Arial nicht verfügbar.

Am besten ist es, wenn Sie Schriften wählen, die auf möglichst allen Systemen vorhanden sind. Kein Risiko gehen Sie ein, wenn Sie an zweiter oder dritter Stelle Arial wählen.

Die Merkmale dieser Schriftart:

- Arial ist nicht sehr originell, aber gut lesbar.

- Arial ist als typische Systemschrift auf nahezu 100 % aller Endgeräte vorhanden.

- Arial muss im Gegensatz zu Google-Webschriften nicht von einer externen Quelle bezogen werden, ist also eine rechtssicher einsetzbare Schrift.

Auch andere Anpassungen sind schnell möglich. Fügen Sie einfach mal diese Codeschnipsel im Customizer in die geschweiften Klammern ein und beobachten Sie, was passiert:

- `line-height: 1.9;`

- `font-size: 1.2em;`

Mit `line-height` ändern Sie die Zeilenhöhe, mit `font-size` die Schriftgröße.

ÄNDERUNGEN RÜCKGÄNGIG MACHEN

Sie möchten eine Änderung rückgängig machen? Dann entfernen Sie den Code wieder. Erst mit einem Klick auf *Veröffentlichen* ganz oben im Customizer wird die Änderung wirksam.

Okay, die Schriftart wurde erfolgreich geändert. Vielleicht haben Sie Lust auf weitere Änderungen?

Auch alle zum Theme gehörigen *.php*-Dateien können Sie bearbeiten – und zwar über den Theme-Editor direkt im Quellcode. Allerdings gibt da noch zwei Probleme.

- Mit Änderungen im Editor können Sie ein Theme leicht zerschießen, sprich funktionsuntauglich machen.

- Die Entwickler bringen ihre Themes immer wieder auf den neuesten Stand. Wenn Sie im Dashboard auf den Theme-Update-Button klicken, werden die über den Editor gemachten Änderungen überschrieben.

Die Lösung: Child-Themes.

Unfälle vermeiden mit Child-Themes

In der Quellcode-Anpassung eines Themes steckt viel Arbeit. Um Unfälle zu vermeiden, stellt WordPress die Child-Theme-Funktion bereit.

Ein Child-Theme ist ein Ableger eines Themes. Das Besondere dabei ist, dass das Original, sprich das Parent-Theme (Eltern-Theme), bei der Arbeit unangetastet bleibt. Sie können in Child-Themes Experimente durchführen und unbeschwert updaten.

Und so funktioniert das Ganze:

- Alle geänderten Dateien werden in einem separaten Child-Theme-Verzeichnis gesammelt werden.

- WordPress ruft die Child-Theme-Dateien anstatt die Originaldateien auf.

Child-Theme-Verzeichnis anlegen

Weil sich aus dem Backend kein Verzeichnis für das Child-Theme anlegen lässt, benötigen Sie einen FTP-Client wie beispielsweis FileZilla.

❶ Verbinden Sie sich mit dem WordPress-Ordner auf Ihrem Server und navigieren Sie in den Unterordner *wp-content/themes*. Dort liegen die Verzeichnisse aller bereits installierten Themes, darunter auch der Ordner *twentynineteen*.

❷ Legen Sie auf derselben Ebene einen neuen Ordner an, zum Beispiel *twentynineteenchild*. Der Name ist beliebig wählbar, Leerzeichen und Umlaute sind natürlich in einem Ordnernamen wie immer tabu.

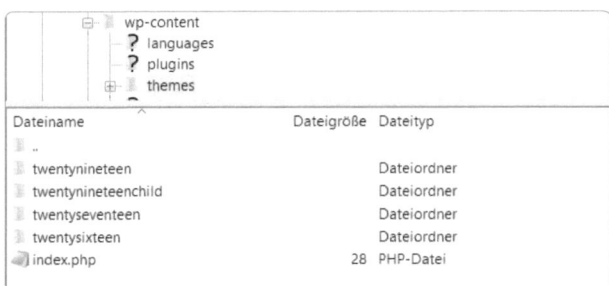

Bild 3.23: Auf dem Server wird der *themes*-Ordner geöffnet, und das leere Verzeichnis *twentynineteenchild* wird hinzugefügt.

CSS-Datei einfügen

Voraussetzung für das Funktionieren von Child-Themes ist die Verknüpfung über eine CSS-Datei. Legen Sie die folgende *style.css* an und laden Sie sie in das leere Verzeichnis *twentynineteenchild* hoch:

```
001   /*
002   Theme Name: Twenty Nineteen Child
003   Theme-URI: https://tanzschule-mustemann.de
004   Author: Mustermann
005   Author URI: https://tanzschule-mustemann.de
006   Description: Ableger von Twentynineteen
007   Version: 1.0
008   Template: twentynineteen
009   */
010   @import url(«../twentynineteen/style.css»);
```

Nach dem Upload der CSS-Datei wechseln Sie vom FTP-Client wieder zu WordPress. Klicken Sie im Backend auf *Design/Themes*.

Das neue Theme ist angekommen

In der Themes-Verwaltung wird *Twenty Nineteen Child* nun als ganz normales Theme dargestellt, allerdings ohne Vorschaubild. Das ist Absicht, damit Parent und Child nicht verwechselt werden. Wenn Sie die Maus über *Twenty Nineteen Child* bewegen, können Sie das neue Theme auch aktivieren.

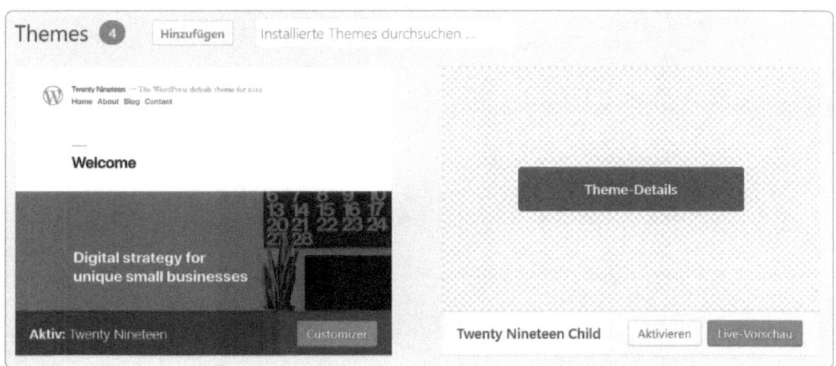

Bild 3.24: Das Child-Theme ist in der Themes-Verwaltung angekommen.

Das neue Theme funktioniert allerdings noch nicht perfekt. Sie benötigen eine weitere Datei im Child-Theme-Ordner, um die CSS-Befehle nicht zu verlieren.

Legen Sie eine Datei mit dem Namen *functions.php* an und fügen Sie folgenden Code ein:

```
001  <?php
002  /*Das Stylesheet des Parent-Themes einbinden*/
003  function child_theme_styles()
004   {
005  wp_enqueue_style( 'parent-style', get_template_directory_uri()
     . '/style.css' );
006  wp_enqueue_style( 'child-theme-css', get_stylesheet_directory_uri()
     .'/style.css' , array('parent-style'));
007  }
008  add_action( 'wp_enqueue_scripts', 'child_theme_styles' );
009  ?>
```

Laden Sie dann die neue *functions.php* in den Ordner Ihres Child-Themes hoch (aber keinesfalls in den Ordner des Parent-Themes, denn damit hätten Sie eine wichtige Datei überschrieben und das Theme zerstört).

Ab jetzt können Sie bequem zwischen dem Original und Ihrer Anpassung hin- und herwechseln und die Änderungen testen.

Achtung: Denken Sie immer daran, dass ein Child-Theme ohne das Original nicht lauffähig ist. Mit dem versehentlichen Löschen des Parent-Themes wird auch der Ableger ins Nirwana befördert.

Templates ändern

Nun können Sie damit beginnen, einzelne Dateien in das Child-Theme zu schreiben.

Häufig bearbeitete Templates

- *header.php* – Diese Datei enthält die Metadaten Ihrer Site und den Link zum Stylesheet.
- *index.php* – Dieses wichtige Template steuert die Darstellung der Startseite.
- *single.php* – Verantwortlich für jeden einzelnen Beitrag.
- *page.php* – Darstellung aller statischen Seiten.
- *404.php* – Hier können Sie eine individuelle Fehlerseite einrichten, um die übliche 404-Meldung zu ersetzen.
- *sidebar.php* – Konfiguration der Seitenleiste, in der die Widgets angezeigt werden.
- *footer.php* – Im unteren Bereich der Seite werden neben dem Link zu WordPress häufig Verweise zu Themes-Herstellern angezeigt.
- *functions.php* – Hier lassen sich zahlreiche Eingriffe zur Änderung oder Deaktivierung von Funktionen vornehmen.

Die 404-Seite ändern

Eine gute Idee ist es, mit einer einfachen Änderung zu beginnen. Im Beispiel wird die Fehlerseite der Tanzschule Mustermann individualisiert. Der Besucher wird von WordPress auf diese Seite gelenkt, falls er eine nicht vorhandene URL der Tanzschule Mustermann aufruft.

```
<div class="page-content">
    <p><?php _e( 'It looks like nothing was found at this location.
    Maybe try a search?', 'twentynineteen' ); ?></p>
    <p>Gib einfach den Tanz ein, den du suchst ... </p>
    <?php get_search_form(); ?>
</div>
```

Bild 3.25: Anpassung des Quellcodes der Fehlerseite.

Kopieren Sie die Seite *404.php* in den Child-Theme-Ordner und ergänzen Sie folgenden Code oberhalb der Zeile `<?php get_search_form(); ?>`:

```
<p>Gib einfach den Tanz ein, den du suchst ... </p>
```

Speichern Sie die Datei *404.php* und kontrollieren Sie die Seite im Frontend. Für die Tanzschule Mustermann würden Sie folgende URL in Ihren Browser eingeben:

https://tanzschule-mustermann.de/404.php

Als Ergebnis erhält der Besucher nun eine konkrete Aufforderung der Tanzschule: *Gib einfach den Tanz ein, den du suchst.*

Damit erhöht sich die Wahrscheinlichkeit, dass der Besucher auf der Website bleibt und zu seinem gewünschten Inhalt findet.

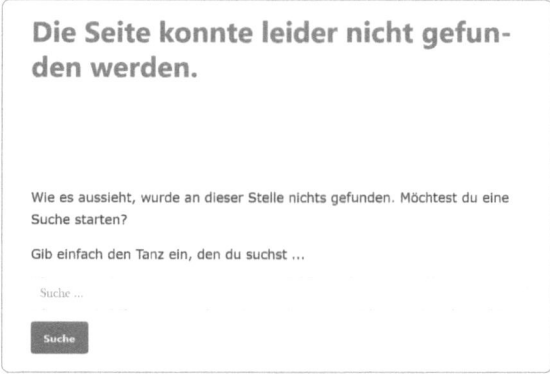

Bild 3.26: Die Fehlerseite wurde individualisiert. Der Seitenbesucher erhält eine konkrete Handlungsanweisung.

Hat alles funktioniert? Dann gehen Sie Ihr nächstes Projekt an: Am unteren Ende Ihrer Seiten prangt nach der Installation der manchmal störende Link *Stolz präsentiert von WordPress.* Laden Sie eine geänderte *footer.php*-Datei in das Child-Theme-Verzeichnis, um diese Eigenwerbung etwas dezenter zu gestalten.

Teamarbeit: Befugnisse der Gehilfen

Weil Sie WordPress installiert haben, sind Sie selbst auch der Administrator. Als solcher haben Sie alle Hebel in der Hand. Sie schreiben Beiträge, fügen Seiten hinzu und konfigurieren WordPress. Doch vielleicht möchten Sie mit dem Wachstum des Projekts noch einige Gehilfen in Ihr Projekt holen? Dann benötigen diese ebenfalls einen Zugang zum System: einen eigenen Account. Damit die Angelegenheit nicht eskaliert wie in Goethes Gedicht vom Zauberlehrling: Sie als Admin entscheiden über die Befugnisse der Gehilfen.

Die Rollenverteilung in WordPress

Um zu verhindern, dass Anfänger oder Unbefugte in einer WordPress-Installation Schaden anrichten, stehen folgende Rollen zur Verfügung:

- *Abonnent* – Die unterste Stufe. Immerhin dürfen Abonnenten ihr eigenes Profil bearbeiten. Das war es auch schon.

- *Mitarbeiter* – In der Mitarbeiterstufe dürfen auch Beiträge geschrieben und eingereicht werden. Besonderes Vertrauen genießt der Mitarbeiter allerdings nicht. Seine Werke müssen mindestens von einem Redakteur freigeschaltet werden.

- *Autor* – Besser hat es der Autor. Er darf eigene Beiträge schreiben und ohne weitere Überprüfung freischalten sowie Dateien in die Mediathek hochladen.

- *Redakteur* – Umfangreiche Befugnisse genießt der Redakteur. Er darf Beiträge und Seiten erstellen, bearbeiten und löschen – und nicht nur die eigenen. Zugriff hat er auch auf die Kommentarverwaltung, nicht aber auf die Benutzerverwaltung.

- *Administrator*. Der Boss darf alles: Themes auswechseln, Plug-ins installieren, das ganze System steuern – oder ins Nirwana befördern. Wer als Administrator eingeloggt ist, sollte nüchtern und ausgeschlafen sein.

Die Benutzerverwaltung

Zur Benutzerverwaltung gelangen Sie über das Dashboard. Nach der Installation finden Sie sich dort hoffentlich allein wieder – andernfalls wären Sie nämlich schon gehackt worden.

Neue Benutzer können über die Schaltfläche *Neu hinzufügen* erstellt werden. Vergeben Sie deren Rollen am besten nach dem Prinzip »So viel wie nötig, so wenig wie möglich«. Aus Sicherheitsgründen können Sie sich auch selbst ein zweites Profil einrichten, zum Beispiel als Autor oder Redakteur. Sie verhindern damit, aus Versehen wichtige Einstellungen zu verändern.

Bild 3.27: Nur der Administrator hat Zugriff auf die Benutzerverwaltung. Er darf Benutzer anlegen und löschen sowie Rollen verteilen und ändern.

Benutzer können selbst Profile anlegen

Benutzer können selbst ein Profil anlegen, falls der Administrator im Backend unter *Einstellungen/Allgemein* einen Haken in die Checkbox vor *Jeder kann sich registrieren* gesetzt hat. Im Dauerbetrieb ist diese Einstellung zwar etwas heikel, aber für bestimmte Einsatzgebiete erspart es viel Arbeit.

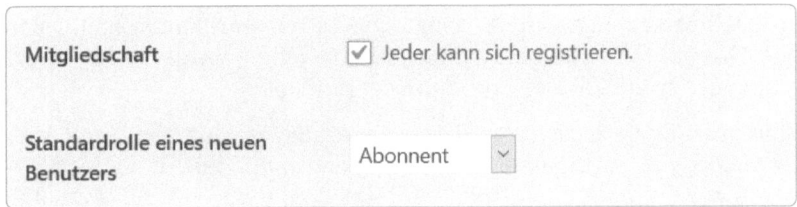

Bild 3.28: Unter *Einstellungen/Allgemein* kann die Checkbox vor *Jeder kann sich registrieren* aktiviert werden. Aus Sicherheitsgründen sollte die Standardrolle auf *Abonnent* gesetzt werden.

Beispiel: Die Tanzschule Mustermann benötigt eigene Profile für rund ein Dutzend Tanzlehrer. Die manuelle Erstellung wäre für eine Person ziemlich mühsam. Als Admin geben Sie also einfach bekannt, dass jeder Tanzlehrer innerhalb von drei Tagen sein Profil anlegen soll. Nach den drei Tagen deaktivieren Sie die Checkbox wieder, schalten also die Eigenregistrierungsmöglichkeit wieder ab.

Dabei müssen Sie jedem Tanzlehrer eine Rolle zuweisen. Standardmäßig ist der Abonnent vorgesehen, also die unterste Stufe. Aus Sicherheitsgründen sollten Sie diese Einstellung während der Registrierungsphase beibehalten und die höheren Rollen später zuweisen.

Damit der Salsalehrer eigene Beiträge verfassen darf, muss er mindestens Autor sein. Die Flamencotänzerin ist neu? Dann weisen Sie ihr erst mal die Rolle der Mitarbeiterin zu. Der Status eines Benutzers lässt sich vom Administrator jederzeit verändern. Sie haben es in der Hand, Ihre Gehilfen zu befördern oder zu degradieren.

Der Admin kontrolliert die Benutzer

Nachdem ein neuer Benutzer angelegt wurde, erhalten Sie automatisch eine Nachricht an Ihre Admin-Mailadresse mit diesem Text:

- Neue Benutzerregistrierung auf deiner Website Tanzschule Mustermann:
- Benutzername: Gehilfe
- E-Mail: name@mailprovider.de

Stehen hier Benutzer oder ganz allgemein Daten, die Ihnen verdächtig vorkommen? Dann überprüfen Sie die Einstellungen zur Benutzerregistrierung und schalten die eigenmächtige Registrierung gegebenenfalls wieder ab. Seien Sie besonders misstrauisch, wenn Sie unverdächtig klingende Namen wie Admin, User oder Webmaster in der Benutzerverwaltung entdecken. Diese werden von Hackern gern zur Tarnung eingesetzt.

Wo kommen die Besucher her?

Woher stammen Ihre Besucher? Welche Beiträge und Seiten werden am häufigsten angeklickt, welche Themen ignoriert? Für Admins ist es wichtig, etwas über das Verhalten der Besucher zu erfahren. Auskunft geben Statistiktools.

Die beiden Platzhirsche, Google Analytics und das in Matomo umbenannte Piwik, können Sie dabei getrost ignorieren. Sparen Sie sich den Aufwand, den Sie für den Datenschutz (Google Analytics) bzw. die Installation (Matomo) betreiben müssten, und nutzen Sie stattdessen ein Statistik-Plug-in der WordPress-Community, zum Beispiel *Statify*.

Statify

Statify ist schlank, DSGVO-kompatibel und erschlägt den Admin nicht mit einer Datenflut. Es beschränkt sich auf das, was wichtig ist:

- die gesamten Zugriffszahlen
- die am häufigsten aufgerufenen URLs
- die Referrer, also die Quellseiten der Besucher

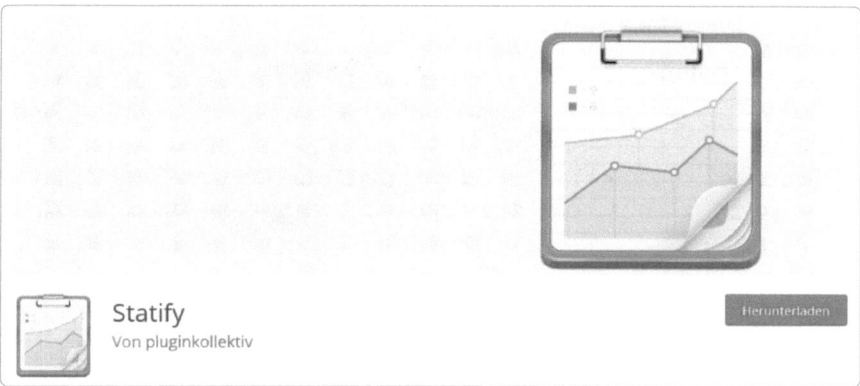

Bild 3.29: Das Statistik-Plug-in *Statify* ist schlank und datenschutzkonform.

Besucherverhalten analysieren

Nach Installation und Aktivierung beginnt *Statify* mit den Messungen. In die Vergangenheit blicken kann das Tool allerdings nicht, gezählt wird ab dem Aktivierungszeitpunkt. Es dauert also einige Tage, bevor Sie verwertbare Statistiken erhalten.

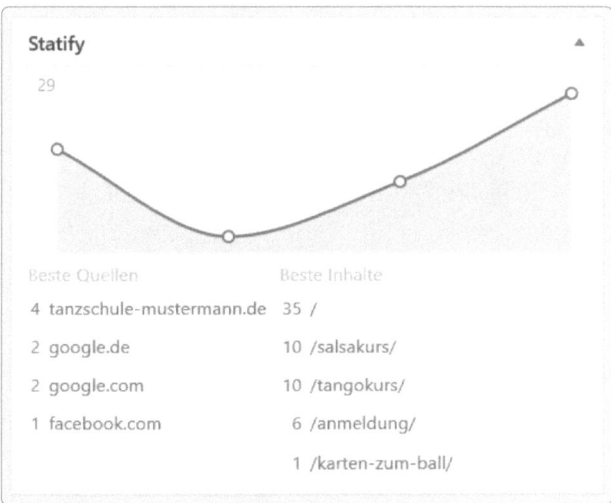

Bild 3.30: *Statify* präsentiert die Besucherzahlen direkt im WordPress-Dashboard.

Die Ergebnisse präsentiert *Statify* direkt in einem Fenster auf dem Dashboard. Oben erhalten Sie eine Besucherkurve, darunter diese zwei Bestenlisten:

- *Beste Quellen* – die Herkunftsseiten Ihrer Besucher.

- *Beste Inhalte* – die am häufigsten aufgerufenen Inhalte.

Datenschutz

Die Daten werden in der MySQL-Datenbank Ihrer WordPress-Installation gespeichert – und nicht wie bei Google Analytics auf fremden Servern. *Statify* ist DSGVO-konform, es findet keine Auftragsdatenverarbeitung statt.

Das Standardspeicherintervall ist mit zwei Wochen allerdings etwas kurz bemessen. Für einen langfristigen Vergleich ist es notwendig, *Statify* ein bisschen zu konfigurieren.

Statify konfigurieren

Überfahren Sie mit der Maus oben im *Statify*-Fenster die Fläche links neben dem kleinen Pfeil, bis der Link *Konfigurieren* erscheint. Rufen Sie dann die Konfiguration auf.

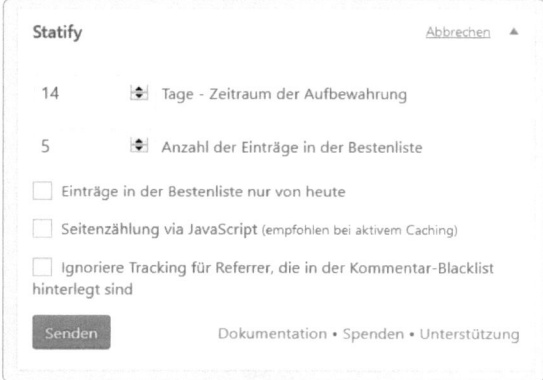

Bild 3.31: Die Konfiguration von *Statify.*

In der Konfiguration können Sie die Werte von *Statify* erhöhen. Empfehlung:

- 500 Tage für den Zeitraum der Aufbewahrung
- 50 für die Anzahl der Einträge in der Bestenliste

Statistiken zur Optimierung einsetzen

So optimieren Sie Ihre Website mithilfe der Statistik:

- Versorgen Sie erfolgreiche Beiträge und Seiten mit Updates. Halten Sie Ihre wichtigsten Inhalte aktuell.

- Nutzen Sie Ihre Social-Media-Präsenzen, um erfolgreiche Inhalte zu verlinken.

- Stärken Sie Ihre Präsenz in den Social-Media-Kanälen, von denen Sie viele Besucher erhalten.

- Formulieren Sie durchschnittlich erfolgreiche Inhalte um und peppen Sie sie mit Bildern auf.

- Löschen Sie Inhalte, die von Ihrem Publikum völlig ignoriert werden.

Greifen Sie ein, falls von Ihnen priorisierte Inhalte zu selten angeklickt werden.

Beispiel: Eine Bestellseite wird zu wenig besucht. Mit diesen Maßnahmen können Sie die Besucher lenken:

- Platzierung eines eigenen Menüpunkts zur Bestellseite
- Interne Verlinkungen von anderen Seiten auf die Bestellseite
- Platzierung eines Widgets mit Verlinkung zur Bestellseite

Geld verdienen mit Google AdSense

Ihre WordPress-Website ist gut besucht? Dann haben Sie auch ohne einen Webshop die Möglichkeit, Geld zu verdienen. Der einfachste Weg führt über Google AdSense, das Anzeigenprogramm des Internetgiganten Google.

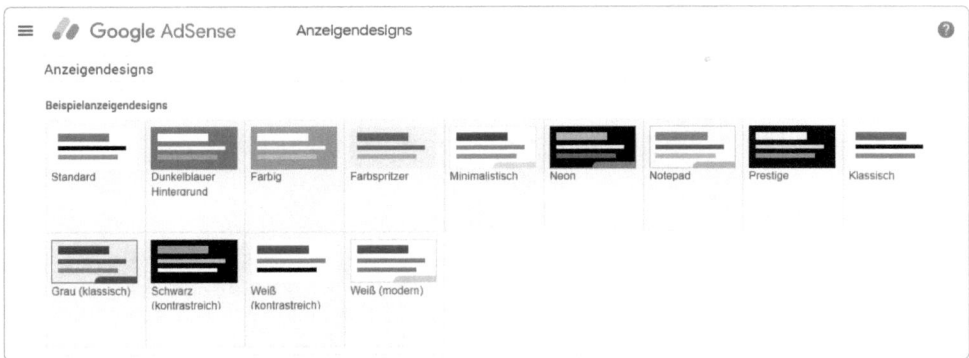

Bild 3.32: Mit Google lässt sich Geld verdienen. Im AdSense-Backend haben Sie verschiedene Anzeigen-typen und -designs zur Auswahl.

Die Datenkrake Google weiß viel – böse Zungen sagen alles – über:

- die Internetsurfer und ihre Interessen sowie
- die Inhalte von Websites.

Google analysiert nicht nur die Inhalte Ihrer Website und das Such- und Surfverhalten Ihrer Besucher. Der Suchmaschinenriese bringt auch zusammen, was zusammenge-hört, und strickt daraus ein Geschäftsmodell.

Beispiel: Sie bloggen zum Thema Tango und bieten Google einen Anzeigenplatz auf Ihrer Website. Google platziert darauf Anzeigen für einen Webshop, der sich auf Tanz-schuhe spezialisiert hat und am Programm Google Ads teilnimmt. Klickt ein Besucher Ihres Blogs auf die Anzeige, gelangt er auf den Webshop, und Sie erhalten dafür eine Vergütung.

Die Tabelle verdeutlicht den Unterschied der beiden Programme Google AdSense und Google Ads:

GOOGLE ADSENSE	GOOGLE ADS
Teilnehmer erhält Geld.	Teilnehmer bezahlt Geld.
Abrechnung nach Klicks von eigener auf fremde Websites.	Abrechnung nach Klicks von fremden Websites auf eigene.

Mehr ist besser

Entscheidend für den Erfolg ist zunächst die Besucherzahl Ihrer Webseite. Unter 100 Besuchern am Tag lohnt es sich generell nicht, AdSense einzusetzen. Der Ertrag liegt dann nur bei wenigen Cents, wobei die Anzeigen einige Besucher verschrecken. In der Aufbauphase eines Blogs sollten Sie deshalb auf Werbung verzichten.

Bei 100 bis 500 Besuchern am Tag ist AdSense eine gute Möglichkeit, die monatlichen Providergebühren wieder einzuspielen. Bei 500 und mehr Besuchern beschert Google AdSense einen hübschen Nebenverdienst, wobei nach oben keine Grenzen gesetzt sind: Mehr Besucher bedeuten mehr Klicks und höhere Einnahmen.

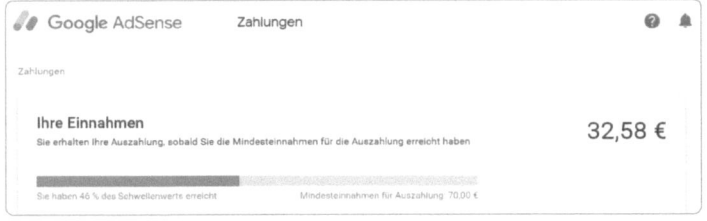

Bild 3.33: Google AdSense sammelt Beträge bis zu einem Schwellenwert von 70 Euro an.

Derzeit schüttet Google Einnahmen ab 70 Euro aus. Bei einem Tagesschnitt über 2,30 Euro bekommen Sie einen monatlichen Betrag von knapp über 70 Euro auf Ihr Konto überwiesen. Dieses Geld müssen Sie natürlich in Ihrer Steuererklärung angeben.

Lukrative Themen für AdSense

Google AdSense makelt zwischen Ihnen und Anzeigenkunden, die zumeist etwas verkaufen oder eine Dienstleistung anbieten möchten. Mit Beiträgen über hochpreisige Waren oder Luxusreisen locken Sie die entsprechenden Geldgeber an. Praxisnahe Tipps und Tutorials ziehen eine »Laufkundschaft« auf Ihr Blog, die gern mal auf die eine oder andere Anzeige klickt. Immer gelesen (und verlinkt) werden Artikel mit der richtigen Mischung aus Ratschlag und Romantik, beispielsweise: »Hochzeitszeitung selbst gestalten«.

Allerdings sollten Sie nicht den Fehler begehen, wegen AdSense zu weit vom Kernthema Ihres Blogs abzuweichen. Sie würden damit bei Ihrer Stammleserschaft an Glaubwürdigkeit verlieren.

Bei AdSense angenommen werden

Um bei AdSense angenommen zu werden, brauchen Sie ein Google-Konto. Das haben Sie bereits, wenn Sie zum Beispiel bei YouTube, Google Ads, Google Analytics oder der Google Search Console angemeldet sind.

Für den unwahrscheinlichen Fall, dass Sie noch kein Konto besitzen, erstellen Sie eines. Aber auch nur dann. Ein Zweitkonto ist nämlich nicht erlaubt und könnte Sie bei der Aufnahme in AdSense in Schwierigkeiten bringen.

AdSense-Plug-ins

Die Platzierung der AdSense-Anzeigen in WordPress lässt sich am besten mit Plug-ins realisieren. Sehr verbreitet ist *Advanced Ads*. Mit diesem Plug-in lässt sich die Einblendung von Anzeigen an bestimmte Bedingungen knüpfen, beispielsweise einen Inhaltstyp (Beitrag oder Seite), eine Kategorie oder eine Userrolle.

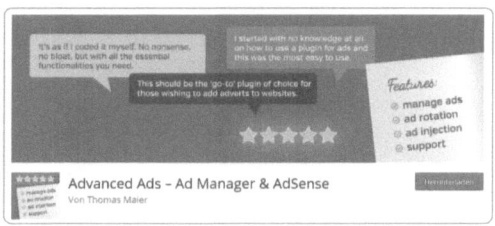

Bild 3.34: Das Plug-in *Advanced Ads* bietet eine Fülle von Einstellungsmöglichkeiten für Google AdSense.

Blog-Sponsoring

Sie führen WordPress als Blog? Dann muss es nicht immer Google sein. Mit steigender Popularität werden früher oder später seriöse (und leider auch unseriöse) Geschäftspartner an Sie herantreten, um gegen Bezahlung Beiträge bei Ihnen unterzubringen, in der Regel mit Links auf bestimmte Seiten.

Um nicht in juristische Schwierigkeiten zu geraten: Trennung Sie sauber zwischen Ihren eigenen Beiträgen und Werbung. Bezahlte Beiträge müssen Sie kennzeichnen, beispielsweise mit dem Zusatz *Gesponserter Artikel*.

Eine beliebte Werbeform sind Gewinnspiele. In diesem Fall verlost Ihre Website etwas, das von dritter Seite zur Verfügung gestellt wird. Hierbei haben Sie neben der Kennzeichnung des Sponsors noch eine weitere Aufgabe zu erledigen, nämlich die Ausformulierung und die Präsentation der Spielbedingungen. Auf keinen Fall sollte dieser Satz fehlen: *Der Rechtsweg ist ausgeschlossen.*

SEO – Suchmaschinenoptimierung

Wer bei Google schlecht platziert ist, führt seine Website nach dem Flaschenpostprinzip: Mit viel Glück stößt ein Mensch darauf. Besser ist es, auf den Ergebnisseiten der Suchmaschinen bei den thematisch relevanten Anfragen (beispielsweise »Tanzkurs«

mit dem Namen der Stadt) auf den vorderen Rängen angezeigt zu werden. Doch bevor es an die Feinheiten geht: Überprüfen Sie, ob der »SEO-Haken des Todes« gesetzt ist.

SEO-Einstellungen innerhalb von WordPress

Sichtbarkeit für Suchmaschinen	☐ Suchmaschinen davon abhalten, diese Website zu indexieren.
	Es ist Sache der Suchmaschinen, dieser Bitte nachzukommen.

Bild 3.35: Die Checkbox unter *Einstellungen/Lesen/Sichtbarkeit für Suchmaschinen* darf nicht aktiviert sein, wenn die Inhalte der Website von den Suchmaschinen erfasst werden sollen.

Kontrollieren Sie bei *Einstellungen/Lesen/Sichtbarkeit für Suchmaschinen*, ob dort ein Haken gesetzt ist, der die Suchmaschinen prinzipiell von der Indexierung abhält. Falls ja, weg damit. Nur dann werden Ihre Inhalte überhaupt aufgenommen.

Vergessen Sie auch nicht, die Permalinks umzustellen, und nutzen Sie die Möglichkeit, die Basis für Kategorien und Schlagwörter anzupassen.

Titel der Website und Untertitel

Als sehr relevant stuft Google den Titel der Website ein, etwas weniger Gewicht liegt auf dem Untertitel. Unter *Einstellungen/Allgemein* können Sie beides ändern.

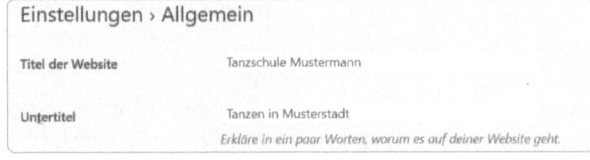

Bild 3.36: Titel und Untertitel stuft Google als besonders relevant ein.

Am besten ist es, gleich nach der Installation möglichst aussagekräftige Begriffe zu wählen, die mit der Site-URL und der Thematik des Projekts in Einklang stehen.

Beispiel:

Titel der Website: Tanzschule Mustermann, *Untertitel*: Tanzen lernen.

Falls Ihr Unternehmen einen regionalen Bezug hat, sollten Sie Ihre Wortwahl auch darauf abstimmen.

Beispiel:

Titel der Website: Tanzschule Mustermann, *Untertitel*: Tanzen in Musterstadt.

Zwar wohlklingend, doch aus Sicht der Suchmaschinen völlig irrelevant sind dagegen Phrasen wie »Herzlich willkommen« oder »Machen Sie mit«. Verzichten Sie deshalb auf austauschbares Vokabular in Titel, Untertitel und Überschriften.

Gute Überschriften – gute Texte

In Boulevardblättern werden Headlines gern mit Begriffen wie »Neu« oder »Wahnsinn« angereichert. Für Google sind solche Füllwörter wertlos. Nutzen Sie als Überschrift zum Salsakurs also nicht »Wahnsinn: hier grooven alle«, sondern »Salsa: Kurs für Anfänger«. Damit sind exakt diejenigen Begriffe untergebracht, die Tanzwillige bei Google eingeben.

Beim Schreiben sollten Sie die Suchmaschinen immer im Hinterkopf haben. Die Begriffe aus der Headline dürfen gerne noch ein paar Mal im Text auftauchen, natürlich ohne die Sache zu übertreiben. Der Leser merkt recht schnell, wenn ein Text zu sehr auf Google getrimmt wurde – Google selbst übrigens auch.

Wichtig ist, dass alles zusammenpasst: Überschrift, Text, Bild, Kategorien und Schlagwörter. Längere Texte gliedern Sie am besten mit Zwischenüberschriften. Damit schlagen Sie zwei Fliegen mit einer Klappe:

- Sie helfen Google, Ihre Inhalte besser zu gewichten.
- Sie verhindern, dass Ihre Besucher abspringen, bevor sie den Text zu Ende gelesen haben.

Backlinks gewinnen

Eine Website wird bei Google hoch bewertet, wenn sie über Backlinks verfügt, also von anderen Seiten verlinkt wird. Allerdings achten die Suchmaschinen heute auf Qualität. Es nützt Ihnen wenig, wenn es sich um schlecht besuchte oder fachfremde Seiten handelt. Kommen Sie also nicht auf die Idee, bei dubiosen Anbietern Links zu kaufen oder sich in sogenannte Linkkataloge einzutragen. Im schlimmsten Fall werden Sie dabei von Google ertappt und verschwinden ganz aus den Ergebnislisten.

Sinnvoll ist hingegen eine gegenseitige Verlinkung mit thematisch verwandten und seriösen Seiten, und zwar entweder direkt oder über die Nutzung der Kommentarfunktion. Es spricht nichts dagegen, als Webmaster der Tanzschule Mustermann qualitativ hochwertige Kommentare auf anderen Blogs zu verfassen und dabei auch dezent auf die eigene Webpräsenz zu verweisen. Es sollte allerdings nicht bei der direkten Konkurrenz angeklopft werden, also einer anderen Tanzschule. Als Webpartner für die Tanzschule Mustermann besser geeignet sind Websites zu Ballbekleidung, Tanzschuhen und Hochzeiten.

SEO-Plug-ins

Als Standard-Plug-in für die Suchmaschinenoptimierung gilt *Yoast*, das in einer kostenlosen und einer Premium-Version verfügbar ist. Erfreulicherweise enthält die kostenlose Variante schon die wichtigsten Features. Allerdings ist es nicht damit getan, das Plug-in nur zu installieren, *Yoast* will auch konfiguriert werden.

Bild 3.37: Das Plug-in *Yoast* bietet zahlreiche Einstellungsmöglichkeiten für die Suchmaschinenoptimierung.

Durch die ersten Schritte führt Sie der *Konfigurations-Assistent*. Sie erreichen ihn, indem Sie nach der Aktivierung auf das *Yoast*-Menü in der oberen Menüleiste im Backend klicken. In den letzten Fenstern des Assistenten will man Sie zum Erwerb der Premium-Version überreden. Es bleibt Ihnen überlassen, ob Sie das Angebot später annehmen. Doch zuerst sollten Sie die vorhandenen Möglichkeiten ausschöpfen.

Bild 3.38: Nach der Aktivierung meldet sich *Yoast* im Dashboard. Der *Konfigurations-Assistent* führt durch die ersten Schritte.

Unter jedem Beitrag und jeder Seite blendet *Yoast* ein eigenes Fenster zur Suchmaschinenoptimierung ein. Nutzen Sie auf jeden Fall diese beiden wichtigen Features:

- Individuelle Metabeschreibung
- Seiten von Google ausschließen

Individuelle Metabeschreibung

Google generiert für die Darstellung von Treffern auf den Suchergebnislisten automatisch kleine Textschnipsel (Snippets) – leider funktioniert diese Automatik nicht immer zur Freude der Webmaster.

Über den Button *Code-Schnipsel bearbeiten* haben Sie die Möglichkeit, diese Texte selbst zu generieren. Hier ein Beispiel für einen optimalen Text, der sofort verdeutlicht, was die Besucherinnen und Besucher erwartet:

»Die Tanzschule Mustermann bietet Salsakurse für Anfänger und Fortgeschrittene. Anmeldung für Singles und Paare. Jetzt zum Salsakurs anmelden.«

Bild 3.39: Ein Klick auf *Code-Schnipsel bearbeiten* öffnet ein Fenster zur Optimierung der Metabeschreibung.

Bestimmte Seiten von der Suche ausschließen

Google setzt nur ein bestimmtes »Crawlingbudget« an, um Ihre Website zu erfassen. Deshalb gilt es, die Suchmaschine auf die inhaltlich wichtigen Seiten anzusetzen – und nicht auf die Datenschutzerklärung, die AGB und andere Pflichtseiten.

Bild 3.40: Über das Zahnradsymbol links öffnet *Yoast* das Fenster *Erweitert*. Über ein Drop-down-Menü lässt sich die Seite von der Anzeige in den Suchergebnissen ausschließen.

So sorgen Sie dafür, dass Google nur das erfasst und in den Trefferlisten anzeigt, was für die Mehrheit der Besucherinnen und Besucher interessant ist:

1. Rufen Sie eine »Pflichtseite« auf, beispielsweise die *Datenschutzerklärung*.

2. Scrollen Sie bis zum *Yoast*-Fenster nach unten.

3. Klicken Sie auf das Zahnradsymbol links, um das Fenster *Erweiterungen* zu öffnen.

4. Wählen Sie *Nein* bei *Erlaube Suchmaschinen, diese Seite in den Suchergebnisse anzuzeigen*.

5. Wählen Sie *Nein* bei *Sollen Suchmaschinen Links auf diese Seite folgen*.

Test auf Optimierung für Mobilgeräte

Immer mehr Menschen gehen mit einem Handy oder einem Tablet online. Auf *www. google.de/webmasters/tools/mobile-friendly/* steht Ihnen die schnellste und beste Möglichkeit zur Verfügung, Ihre Website auf Responsive Webdesign zu testen. Hier zeigt sich, ob das eingesetzte Theme die Kriterien erfüllt:

- Anpassung des Layouts an das Gerät des Benutzers

- Ausblenden von Elementen

- Touch-Elemente nicht zu dicht beieinander

- Keine zu kleinen Schriften

Falls diese Kriterien nicht erfüllt sind, werden mobile Besucher Ihre Website als wenig userfreundlich empfinden und schnell wieder abspringen. Die kurze Verweildauer einer großen Zahl von Usern führt dazu, dass Sie bei Google nach hinten rutschen. Machen Sie hier keine Kompromisse. Wenn das Theme nichts taugt, muss es weg.

Bild 3.41: Die Tanzschule Mustermann hat den Responsive-Webdesign-Check bestanden.

WordPress-Site wasserdicht machen

Durch seine einfache Benutzbarkeit hat sich WordPress zum Standard etabliert. Die WordPress-Firma Automattic und die unabhängige WordPress-Community verweisen stolz darauf, dass rund ein Drittel aller Websites mit dem Marktführer erstellt wurden.

Leider ist diese Verbreitung Segen und Fluch zugleich. Auch die Schreiber von Schadcode und andere Schurken haben WordPress als Ziel entdeckt. Eine hundertprozentige Sicherheit gibt es zwar nie, aber mit den folgenden Maßnahmen schalten Sie die größten Schwachstellen aus.

Website via SSL verschlüsseln

Eine Verschlüsselung via SSL gehört heute zum Sicherheitsstandard. Zudem werden nicht verschlüsselte Websites von den Suchmaschinen abgestraft.

Sichere Passwörter

Ob für FTP, MySQL oder WordPress selbst: Verwenden Sie für alle Bereiche sichere und unterschiedliche Passwörter. Der Verwaltungsaufwand hält sich mit dem Anlegen einer Liste in Grenzen. »Haus«, »Maus« und »123456« sind des Angreifers Lieblinge. Tabu ist alles, was im Duden steht. Die besten Passwörter bestehen aus einer Mischung von Klein- und Großbuchstaben, Zahlen und Sonderzeichen.

Sichere Namen

Angreifer probieren nicht nur bei den Passwörtern, sondern auch bei den Namen gern Standardbegriffe aus, um in das System einzudringen. »Admin« oder »Webmaster« bieten daher keine Sicherheit, besser sind »unsinnige« Zeichenketten.

Registrierungen deaktivieren

Sie betreiben WordPress allein oder in einem kleinen Team? Dann besteht kein Anlass, jedem Besucher eine Registrierung zu ermöglichen. Achten Sie in diesem Fall darauf, dass die Checkbox unter *Einstellungen/Mitgliedschaft* deaktiviert ist.

Falls Sie auf die Möglichkeit eigenmächtiger Registrierungen nicht verzichten möchten: Weisen Sie neuen Benutzern eine möglichst niedrige Standardrolle zu, beispielsweise *Abonnent*.

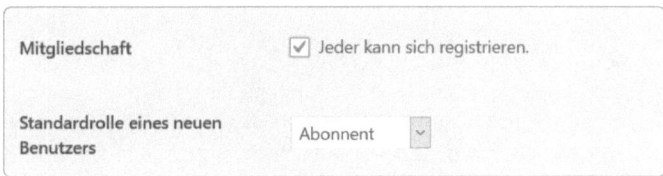

Bild 3.42: Ein Haken vor *Jeder kann sich registrieren* erleichtert es Angreifern, in WordPress einzudringen.

Administrator Nummer zwei ersetzt Nummer eins

Legen Sie einen zweiten Administrator-Account an und löschen Sie damit den ersten – genau in dieser Reihenfolge, denn sonst sperren Sie sich aus. So funktioniert die reibungslose Übergabe:

1. In der Benutzerverwaltung haben Sie die Möglichkeit, weitere Benutzer anzulegen. Geben Sie sich einen passenden Namen, zum Beispiel *T@nzlehrer* (das Sonderzeichen im Namen sorgt dafür, dass der Name nicht so leicht erraten werden kann).

2. Weisen Sie dem neuen Benutzer die Rolle *Administrator* zu.

3. Loggen Sie sich als erster Benutzer aus.

4. Loggen Sie sich als *T@nzlehrer* wieder ein.

5. Hat alles geklappt und sind Sie auch wirklich als Administrator eingetragen? Dann hat der bisherige Admin, der als User mit der ID #1 eine beliebtes Angriffsziel bietet, seine Schuldigkeit getan. Er kann gelöscht werden.

Bleiben Sie schlank

Der Speck muss weg. Deaktivieren Sie Funktionen, die Sie nicht benötigen, und deinstallieren Sie überflüssige Themes und Plug-ins. Tabu beim Löschen von Themes sind nur das aktive Theme, das Standardtheme und eventuelle Parent-Themes.

Spam-Schutz für Kommentare

Die Spam-Versender arbeiten mit automatisierten Programmen. Sie haben alle WordPress-Installationen im Visier, auch die neuen. Völlig verhindern können Sie Spam nur mit der Abschaltung von Kommentaren und Trackbacks (angezeigten Links auf Ihre Site).

Bei aktivierter Kommentarfunktion unverzichtbar ist ein Plug-in für den Schutz vor Spam, wie beispielsweise das leicht zu bedienende und datenschutzkonforme *Antispam Bee*.

Alle Updates mitnehmen

Bereits seit Version 3.7 verfügt WordPress über eine automatische Update-Funktion, allerdings nur für die kleinen Sicherheitsaktualisierungen. Hauptversionen, Themes und Plug-ins müssen Sie mit einem Klick auf den Update-Button auf dem neuesten Stand halten. Im Dashboard finden Sie unter *Aktualisierungen* eine Übersicht aller Komponenten, die von den Herstellern in einer neuen Version vorliegen. Achtung: Verwenden Sie Child-Themes, falls Sie Theme-Änderungen im Quellcode vorgenommen haben.

Restriktive Rechtevergabe

Über einen FTP-Client können Sie die Zugriffsrechte für Verzeichnisse und Dateien festlegen. Setzen Sie die Rechte so restriktiv wie möglich – und vermeiden Sie auf jeden Fall die Rechtevergaben *777*.

> ### VORSICHT MIT DER 777!
>
> In Internetforen wird häufig als Problemlösung vorgeschlagen, einfach alle Verzeichnisse und Dateien mit den Rechten *777* auszustatten. Langfristig ist diese Holzhammermethode aber äußerst problematisch, denn lockere Zugriffsrechte können auch von Angreifern genutzt werden. Stellen Sie deshalb niemals pauschal die *777* ein. Und falls Sie *777* einmal zur Problemlösung vergeben haben, setzen Sie die Rechte schnell wieder auf den Ursprungswert zurück.

Information ist alles

Auf *https://wpvulndb.com/*, aber auch auf allgemeinen IT-Websites, finden Sie immer wieder Berichte über Sicherheitslücken in WordPress, nicht selten in Verbindung mit einem bestimmten Plug-in.

Überprüfen Sie, ob Sie betroffen sind, und aktualisieren oder löschen Sie gegebenenfalls das Plug-in. Wertvolle Informationen zum Thema Sicherheit erhalten Sie auch in der WordPress-Community. Besuchen Sie einfach diese Veranstaltungen:

- WordPress-Meetups, die kostenlosen regionalen Treffen.
- WordCamps, die überregionalen Treffen. Die Ticketpreise sind sehr günstig, da diese Veranstaltungen von der WordPress-Foundation unterstützt werden.

Technik ist nicht alles

Wenn Sie von einem vertrauenswürdig wirkenden Anrufer »aus dem Serverraum« zur Übermittlung Ihrer Zugangsdaten aufgefordert werden, obwohl Sie gar keinen Serverraum besitzen, sollten Sie auf der Hut sein. Gegen die Masche des Erschleichens von Informationen, Social Engineering genannt, ist keine Technik gewappnet. Prüfen Sie die Identität von Anrufern, Mailversendern und Menschen in Arbeitskleidung vor Ihrer Bürotür. Warnen Sie auch Ihre Mitarbeiter vor der Preisgabe vertraulicher Informationen.

Lösungen zu Fehlermeldungen

Im Folgenden erhalten Sie eine Auswahl gezielter Lösungen für etwaige Fehlermeldungen.

Error Establishing a Database Connection

Diese häufig vorkommende Fehlermeldung wird angezeigt, wenn die Datenbank nicht richtig verknüpft wurde. Jetzt heißt es, die Datei *wp-config.php* noch einmal zu überprüfen. Stimmen die vier eingetragenen Zugangsdaten? Vielleicht haben Sie auch die Passwörter verwechselt oder bei der Groß- und Kleinschreibung einen Fehler gemacht.

Lösung – Gehen Sie noch einmal alle Verbindungsdaten durch. Sind Sie unsicher bezüglich der Serveradresse *'DB_HOST'* bei den letzten der vier Werte? Probieren Sie auf gut Glück *localhost*. Grundsätzlich falsch ist es, hier *http://*, *https://* oder *www* voranzustellen.

Tragen Sie die richtigen Werte ein und laden Sie die *wp-config.php* noch einmal hoch. Dabei überschreiben Sie die nicht funktionierende *wp-config.php*.

Weißer Bildschirm zeigt Fatal Error

In manchen Fällen kommt es vor, dass nach der Aktivierung eines Plug-ins ein weißer Bildschirm mit etwa dieser Fehlermeldung auftaucht: »Fatal Error: Allowed Memory Size of 12345 Bytes exhausted«. Die Anzahl der Bytes ist hierbei unterschiedlich.

Lösung – Einige Plug-ins benötigen besonders viel Speicher, zum Beispiel Galerien beim Erzeugen von besonderen Effekten für die Bildpräsentation. Die Provider begrenzen aber den Arbeitsspeicher für Ihren Webspace durch ein PHP-Memory-Limit. Um das Problem zu beheben, gibt es diese Möglichkeiten:

- Verzicht auf das Plug-in.
- Wechsel in ein höherwertiges Hosting-Paket beim selben Provider.
- Wechsel des Providers.

- Hochsetzen des PHP-Memory-Limits durch den Provider.

- Sie setzen, am besten in Rücksprache mit dem Support Ihres Providers, das PHP-Memory-Limit selbst herauf.

Für den letzten Fall, die Do-it-yourself-Methode, gibt es zwei Alternativen: per *.htaccess* oder per *wp-config.php*.

- Per *.htaccess*:
Im Hauptordner Ihrer WordPress-Installation befindet sich die Datei *.htaccess*. Falls Sie sie nicht sehen, klicken Sie in Ihrem FTP-Programm auf *Versteckte Dateien anzeigen*. Laden Sie sie per FTP herunter und fügen Sie vor dem erneuten Upload in einem Texteditor diese Zeile hinzu:

```
php_value memory_limit 256M
```

- Per *wp-config.php*:
Ergänzen Sie die *wp-config* mit diesem Code:

```
define ('WP_MEMORY_LIMIT', '256M');
```

Ob das eigenmächtige Heraufsetzen des PHP-Memory-Limits funktioniert, hängt von Ihrem Provider ab. Es kann sein, dass Sie danach eine Fehlermeldung erhalten. Merken Sie sich also, in welchen Dateien und an welcher Stelle Sie etwas hinzugefügt haben, damit Sie Änderungen wieder rückgängig machen können.

Nach Update kein Zugriff aufs Backend

Nach einem WordPress-Update gelangen Sie nicht mehr ins Backend. Möglicherweise liegt es daran, dass einige Plug-ins mit der neueren WordPress-Version Probleme haben. Wie aber schalten Sie sie ohne Backend-Zugriff aus?

Lösung – Starten Sie Ihr FTP-Programm, verbinden Sie sich mit Ihrem Server und navigieren Sie in Ihrer WordPress-Installation zum Ordner *wp-content*. Klicken Sie dann auf das Plug-in-Verzeichnis und benennen Sie es um, beispielsweise in *_plugins* (falls Sie ein bestimmtes Plug-in in Verdacht haben, können Sie auch nur dieses eine umbenennen).

Durch den zugefügten Unterstrich oder eine andere Namensänderung sind die Plug-ins aus WordPress ausgehängt. Loggen Sie sich ins Backend ein, ohne die FTP-Verbindung zu schließen. Dann benennen Sie das Plug-in-Verzeichnis via FTP wieder mit dem ursprünglichen Namen und deaktivieren im Backend verdächtige Plug-ins.

Falls Sie trotz der Umbenennung des Plug-in-Verzeichnisses nicht ins Backend gelangt sind: Löschen Sie die Cookies aus Ihrem Browser oder probieren Sie den Zugriff von einem anderen Browser oder einem anderem Betriebssystem aus.

Datei nicht beschreibbar

»Um diese Datei zu ändern, muss sie beschreibbar sein.« – diese Meldung kann auftauchen, wenn Sie Medien hochladen, Updates durchführen oder ein Theme editieren möchten. Die Ursache für diese Meldung liegt bei Ihrem Provider. Er hat die Sicherheitseinstellungen so restriktiv vergeben, dass Sie im betreffenden Ordner keine Änderungen vornehmen können. Schlecht ist das nicht, denn es dient der Sicherheit Ihrer Installation.

Lösung – Schicken Sie keine böse E-Mail an den Support, sondern ändern Sie über Ihren FTP-Client kurzfristig die Schreibrechte der Datei. Klicken Sie die betreffende Datei an und suchen Sie im Kontextmenü nach einem Punkt mit dem Namen *Dateiattribute ändern* oder *Dateirechte ändern*.

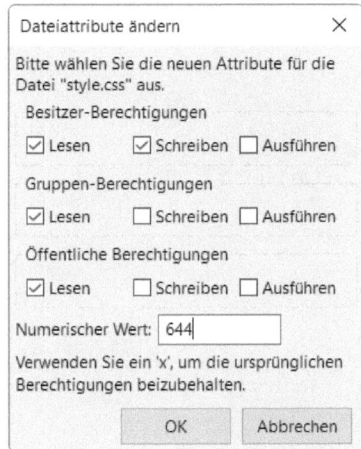

> **RECHTE FÜR VERZEICHNISSE UND DATEIEN**
>
> Rechte sind dazu da, den Zugriff auf Verzeichnisse und Dateien zu regeln. Dabei lassen sich drei Zugriffsarten unterscheiden, nämlich *Lesen*, *Schreiben* und *Ausführen*. Das Lesen ist relativ unproblematisch, weil bei diesem Zugriff nichts verändert werden kann. Die Zugriffe *Schreiben* und *Ausführen* hingegen können von Angreifern benutzt werden, um Schadecode einzuschleusen.

Bild 3.43: Über das FTP-Programm
lassen sich auch Dateirechte ändern.

Bevor Sie etwas ändern: Notieren Sie sich die voreingestellten Rechte. Auf diese Weise können Sie nach einer temporären Rechteänderung den ursprünglichen Zustand wiederherstellen. Zu großzügig vergebene Rechte stellen nämlich ein erhebliches Sicherheitsrisiko dar.

Verzeichnis nicht beschreibbar

Auch wenn ein Verzeichnis nicht beschreibbar ist, liegt die Ursache sehr wahrscheinlich bei den Sicherheitseinstellungen des Providers. Betroffen ist in der Regel die Mediathek.

Beispiel: Ein Bild kann nicht hochgeladen werden, weil WordPress dazu die Unterverzeichnisse *2019* (für das Jahr) und *07* (hier für den Monat Juli) anlegen müsste.

Lösung – Verfahren Sie wie bei einer nicht beschreibbaren Datei. Notieren Sie sich die aktuelle Rechtevergabe und nutzen Sie Ihr FTP-Programm, um die Konfiguration temporär anzupassen, beispielsweise für den Ordner *wp-content/uploads/*. Nachdem WordPress die erforderlichen Unterverzeichnisse angelegt hat, stellen Sie den ursprünglichen Rechtestatus wieder her.

A ANHANG:
WORDPRESS-RESSOURCEN

Zum Ausklang des Buchs finden Sie hier die drei wichtigsten WordPress-Ressourcen:

WordPress.org

Bild A.1: *de.wordpress.org* – die deutsche Seite der WordPress-Entwickler.

WordPress.com

Bild A.2: *de.wordpress.com* – WordPress zum Ausprobieren.

wpmeetups.de

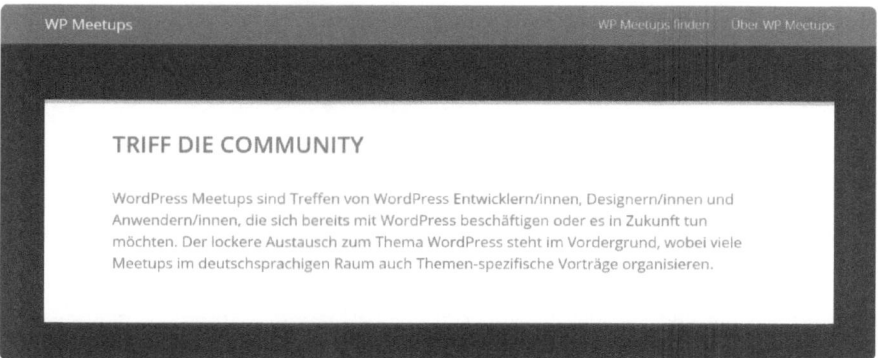

Bild A.3: Die Termine der WordPress-Community vor Ort. Kommen Sie doch einfach mal vorbei.

INDEX